Nudel-
träume

EDITION XXL

Vorwort

Nudeln sind ein unwiderstehlicher Genuss für Groß und Klein! Ob einfach oder raffiniert kombiniert, Nudeln sind unendlich vielseitig. Man kann aus einer unglaublichen Fülle von Formen – und mittlerweile auch Farben – schöpfen und so immer wieder neue Nudelkreationen auf den Teller zaubern.

Ob Spaghetti mit Tomatensoße oder Lasagne alla Bolognese, die Klassiker der Nudelküche stehen exquisiten Kreationen wie Reisnudeln mit Seeteufel oder Trüffel-Safran-Tagliatelle mit Lammfilet in nichts nach.

Dazu kommen noch viele andere Vorteile der leckeren Teigwaren: Sie sind schnell und einfach zubereitet, preiswert und gehören zu unseren wertvollsten Grundnahrungsmitteln.

Ihre Vitamine, Mineralstoffe und komplexen Kohlenhydrate machen Nudeln zu einem gesunden Genuss, der sich auch für Diäten und Abnehmkuren eignet. So finden Sie auf den Seiten 78 bis 83 eine leichte Nudel-Diät für 7 Tage.

Der Ratgeberteil hilft Ihnen bei den wichtigsten Fragen rund um die Nudel: Welche Nudelsorten passen zu welchem Gericht? Wie mache ich meine eigenen Nudeln? Wie viele Nudeln brauche ich für eine Suppe und wie viele für ein Hauptgericht? Dazu kommen noch viele Tipps und Tricks, damit Ihre Nudeln garantiert den richtigen Biss haben.

Viel Spaß beim Nachkochen und Genießen wünscht Ihnen Ihre

Elisabeth Bangert

Inhalt

Nudel-Ratgeber 8

Nudel-Soßen 14

Rezepte 18

    o Vegetarisch 18

    o Mit Fleisch, Geflügel & Wurst 34

    o Mit Fisch & Meeresfrüchten 56

Nudel-Diät 78

 Dieses Symbol kennzeichnet die ungefähre Kochzeitangabe für die verschiedenen Nudelsorten.

 Immer, wenn Sie dieses Symbol sehen, finden Sie Tipps, zu welchen Gerichten und Soßen die einzelnen Nudelsorten passen.

Nudel-Ratgeber

Wissenswertes rund um die Nudel

Ist die Nudel wirklich eine Erfindung der Italiener?

Nicht die Italiener, sondern unser Vorfahr, der Homo sapiens, hat die Nudel sozusagen „erfunden". Aus Getreideschrot und Wasser stellte er einen zähen Teig her, der als Fladen an der Sonne getrocknet wurde. Dann wurde der Fladen in Streifen geschnitten, in einer heißen Brühe eingelegt und verzehrt – ganz ähnlich wie unsere Nudelsuppe von heute.

Wie die Nudel nach Italien kam, weiß keiner so genau. Es wird vermutet, dass die alten Griechen die Nudel unter dem Namen „laganon" nach Italien mitgebracht haben. Deshalb sagt man in manchen Regionen Süditaliens auch heute noch zu Tagliatelle „Laganelle".

Wie lagert man Nudeln richtig?

Rohe Nudeln sollten dunkel und trocken gelagert werden. Dann sind sie mindestens zwei Jahre haltbar. Abgekochte Nudeln bleiben in tiefgekühltem Zustand ca. sechs Monate, im Kühlfach ca. sieben Tage und im Kühlschrank ca. zwei Tage haltbar.

Was ist der Unterschied zwischen Nudeln und Pasta?

Es gibt keinen Unterschied. „Pasta" ist einfach die italienische Übersetzung für das deutsche Wort „Nudeln" bzw. „Teigwaren".

Sind Nudeln wirklich Kraftspender?

Bei häufigem Verzehr von Nudeln kann man die Ausdauerleistung des Körpers tatsächlich bis um das Vierfache steigern. Dafür verantwortlich sind die wertvollen komplexen Kohlenhydrate des Getreides, die in 100 g ungekochten Nudeln einen Anteil von 70 % ausmachen. Deshalb sind Nudeln ein fester Bestandteil der Speisepläne von Spitzensportlern.

Machen Nudeln schlank?

100 g ungekochte Nudeln haben wirklich nur 350 kcal bzw. 1464 kJ. Damit haben sie genauso wenig Kalorien wie Knäckebrot. Mit nur 3 % Fettanteil gehören sie zu den fettarmen Lebensmitteln und eignen sich deshalb auch für Diäten und Abnehmkuren.

Eignen sich Nudeln auch für Diabetiker?

Durch die wertvollen komplexen Kohlenhydrate gehören Nudeln zu den Lebensmitteln, die wir für eine ausgewogene Ernährung brauchen. Solange Diabetiker auf die ärztlich vorgeschriebenen Broteinheiten (BE) der Nahrungsmittel achten, können sie Nudeln ganz normal in ihren Speiseplan aufnehmen.

Haben Nudeln Vitamine und Mineralstoffe?

Nudeln haben viele Vitamine und Mineralstoffe, wie Sie der folgenden Tabelle entnehmen können:

In 100 g ungekochten Nudeln sind die folgenden	
Mineralstoffe:	
Phosphor	195 mg
Kalium	155 mg
Calcium	20 mg
Natrium	7 mg
Eisen	2,1 mg
Vitamine:	
Niacin	2 mg
B_1	0,20 mg
B_2	0,10 mg
A	60 µg

Haben Eiernudeln viel Cholesterin?

Eine normale Portion Eiernudeln – 100 g im ungekochten Zustand – enthält normalerweise ca. 10 g Ei. Das ist keine nennenswerte Cholesterinmenge, sodass man Eiernudeln sogar als „cholesterinarm" bezeichnen kann.

Sind Vollkornnudeln gesünder als normale?

Vollkornnudeln enthalten – wie alle Lebensmittel aus dem vollen Korn – mehr Vitamine und Mineralstoffe als die üblichen Nudeln aus Hartweizen. Die im Vollkorn enthaltenen Ballaststoffe sind richtige Sattmacher und sorgen für eine gute Verdauung. Dadurch verringert sich das Risiko, an Diabetes, Gefäß- oder Herzleiden zu erkranken.

Wie viele Nudeln braucht man für welches Gericht?

Gericht	Roh abgewogene Nudeln pro Portion
als Suppeneinlage	20–30 g
als Vorspeise	50–60 g
als Beilage	80–100 g
als Hauptgericht	100–150 g

Clevere Nudel-Kochtipps

1. Damit die Nudeln frei schwimmen können, verwenden Sie am besten immer einen großen Topf mit reichlich Wasser. Sonst kleben die Nudeln zusammen und werden nicht gleichmäßig gar.

2. Pro 100 g trockene Nudeln sollten Sie einen Liter Wasser und einen Teelöffel Salz verwenden.

3. Wenn das Wasser sprudelnd kocht, zuerst das Salz und dann die Nudeln hineingeben. Verwenden Sie keinen Deckel, sonst kochen die Nudeln schnell über. Reduzieren Sie die Hitze, aber nur so weit, dass die Nudeln noch sprudelnd weiterkochen. Gelegentlich umrühren, damit die Nudeln nicht zusammenkleben oder am Topfboden hängen bleiben.

4. Nehmen Sie die Kochzeitangabe auf der Nudelpackung als Richtwert. Eine Minute, bevor die angegebene Kochzeit abläuft, prüfen Sie, ob die Nudeln bissfest sind. Denken Sie dabei daran, dass gekochte Nudeln immer noch ein wenig nachgaren. Schrecken Sie die Nudeln nicht ab.

5. Lange Nudeln wie z. B. Spaghetti oder Makkaroni können ruhig am Anfang über den Topfrand herausragen. Sobald die Nudeln weich werden, schieben Sie die überstehenden Enden einfach mit leichtem Druck in den Topf hinein.

6. Sind die Nudeln bissfest, gießen Sie diese gleich durch ein Sieb und schütteln sie gut ab. Sie dürfen ruhig noch etwas feucht sein. Anschließend sofort in eine vorgewärmte Schüssel füllen und noch heiß servieren.

7. Um zu verhindern, dass die Nudeln in der Schüssel zusammenkleben, gibt es verschiedene Möglichkeiten: Entweder Sie vermengen die Nudeln gleich mit einem Teil der Soße. Wenn Sie die Soße lieber extra auf den Tisch stellen möchten, können Sie stattdessen etwas heißes Nudelkochwasser, Olivenöl oder ein Stückchen Butter unter die Nudeln mischen.

Nudeln und ihre Farben

Mittlerweile gibt es im Handel eine unglaubliche Fülle an Nudeln mit verschiedenen Farben und Farbkombinationen zu kaufen. Oft sind die Farben auf Italienisch bezeichnet, was zu Verständnisproblemen führen kann. Damit Sie immer wissen, welche Farbvariante Sie benötigen, hier eine kleine Übersicht:

Italienisch	Deutsch
pasta **nera**	**schwarze** Nudeln
pasta **verde**	**grüne** Nudeln
pasta **viola**	**violette** Nudeln
pasta **rossa**	**rote** Nudeln
pasta **arancione**	**orange** Nudeln
pasta **tricolore**	**dreifarbige** Nudeln (meist grün, orange, gelb)

Achtung!

Geben Sie kein Öl in das Kochwasser, denn dieses verstopft die Poren der Nudeln und die Soßen haften nicht mehr. Wenn Öl, dann erst nach dem Kochen.

Nudeln selber machen

Zutaten für 4 Personen

300 g Hartweizenmehl
3 Eier Größe M
1 gestrichener TL Salz
knapp 1 EL Olivenöl

Zubereitung

1. Das Hartweizenmehl in Form eines Hügels auf die Arbeitsfläche streuen.

2. In die Mitte eine Kuhle drücken und die Eier sowie das Salz hineingeben. Wenn Sie die Nudeln ohne Eier machen möchten, ersetzen Sie diese durch ⅛ l Wasser.

3. Mit einer Gabel vom Rand des Hügels aus nach innen die Eier mit dem Mehl zu einer krümeligen Masse vermischen. Jetzt das Olivenöl hinzufügen, damit sich der Teig schön ausrollen lässt.

4. Den Teig ca. 20 Minuten mit den Händen durchkneten, bis er glatt ist und glänzt. Je länger der Teig geknetet wird, desto geschmeidiger wird er. Am Anfang darf er nicht zu trocken sein. Ist das der Fall, fügen Sie tropfenweise Öl oder Wasser hinzu. Ist der Teig zu weich, kneten Sie noch etwas Mehl unter.

5. Den Teig zu einer Kugel formen, in ein Geschirrtuch wickeln und bei Zimmertemperatur 20–30 Minuten ruhen lassen.

6. Ca. ein Drittel des Teigs zum Verarbeiten abnehmen. Solange Sie die eine Portion verarbeiten, den Rest wieder einwickeln, sonst trocknet er aus. Auf einer leicht bemehlten Arbeitsfläche mit dem Nudelholz zu einer dünnen Platte ausrollen und fünf bis zehn Minuten antrocknen lassen. Mit einem Messer je nach Belieben in feine oder dickere Streifen schneiden. Wenn Sie eine Nudelmaschine haben, überpudern Sie den Teig leicht mit Mehl und drehen ihn durch die Maschine. Dann mit den zwei restlichen Teigdritteln genauso verfahren.

7. Am besten kochen Sie die Nudeln ab, wenn sie noch ganz frisch sind. Dabei sollten Sie beachten, dass frische Nudeln nicht so lange kochen müssen, je nach Größe und Dicke ein bis drei Minuten. Sind die Nudeln angetrocknet, brauchen sie jeweils eine Minute länger, trockene Nudeln fünf Minuten länger.

8. Möchten Sie die Nudeln trocknen, lassen Sie diese auf leicht bemehlten Geschirrtüchern ein paar Stunden liegen. Gelegentlich wenden.

Tipp

Hartweizenmehl ist in italienischen Feinkostgeschäften erhältlich. Sie können stattdessen aber auch Weichweizenmehl vom Type 405 oder 1050 verwenden. Wenn Sie möchten, können Sie auch mischen, ein Viertel davon durch feines Hartweizenmehl ersetzen und den Teig eine Stunde ruhen lassen.

Nudelteig selber färben

Mit ein paar natürlichen Zutaten lassen sich Nudeln ganz einfach in den verschiedensten Farben einfärben. Je nach Geschmack und gewünschter Intensität der Farbe können Sie davon mehr oder weniger zum Teig hinzufügen.

Nudelfarbe	Unter den Teig kneten
rot	2–3 EL gekochte, pürierte Möhren
violett	70–80 g Tomatenmark oder 2–3 EL pürierte Rote Bete
grün	100–200 g frischer oder TK-Spinat
schwarz	etwas Tinte aus dem Tintenbeutel eines Tintenfischs (auf Anfrage in Fischfachgeschäften erhältlich) Achtung: sparsam dosieren, färbt sehr stark!

Bekannte Nudelsorten

Spätzle

① Spätzle
- ca. 10 Min.
- Fleischgerichte, vor allem Geschnetzeltes, Wildgerichte, dunkle Soßen und Suppen

Schmetterlingsnudeln

② Farfalle (Schmetterlingsnudeln)
- ca. 12 Min.
- Nudelsalate, raffinierte Gemüse- und Fischgerichte sowie Pesto

Muschelnudeln

③ Conchiglie Rigate (Geriffelte Muscheln)
- ca. 12 Min.
- alle Soßen mit Muscheln, Eintöpfe und Suppen

④ Orecchiette (Öhrchenartige Muscheln)
- ca. 12 Min.
- alle Fisch- und Gemüsegerichte

⑤ Castellane (Gerollte, geriffelte Muscheln)
- ca. 12 Min.
- leichtes Sommergemüse, kräftige Käsesoßen oder überbackene Ofengerichte

⑥ Gnocchi (Nockerlartige Muscheln)
- ca. 14 Min.
- geschmackvolle Fleischsoßen sowie traditionelle Tomatensoße

⑦ Saucelli (Gerollte, an einem Ende offene Muscheln)
- ca. 12 Min.
- leichte Kräutersoßen, Fisch- und Gemüsegerichte

Gefüllte Nudeltaschen

⑭ Tortellini ai Formaggi
(Ringförmige, mit Käse gefüllte Nudeltaschen)
- 8–10 Min.
- klassische Sahnesoßen mit Schinken oder Kräutern, aber auch ausgefallene Ofengerichte

⑮ Tortellini con Ricotta e Spinaci
(Ringförmige, mit Ricotta und Spinat gefüllte Nudeltaschen)
- ca. 13 Min.
- einfache Soßen aus geschmolzener Butter mit frischen Salbeiblättern

⑯ Tortelloni Quattro Formaggi
(Große, ringförmige, mit vier Käsesorten gefüllte Nudeltaschen)
- ca. 15 Min.
- Ofengerichte und cremige Sahnesoßen mit gekochtem Schinken

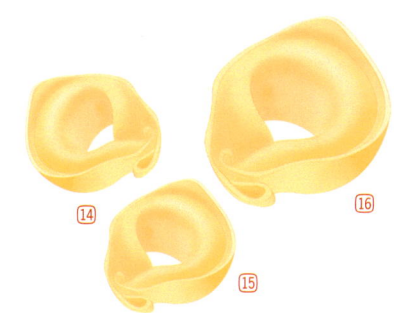

Gedrehte Nudeln

⑩ Gemelli (Zwei gedrehte, ineinander verschlungene Nudeln)
- ca. 10 Min.
- frische Gemüsesoßen, leichte Fischgerichte, aber auch deftige Fleischsoßen wie die klassische Bolognesesoße

⑪ Fusilli (Spiralen)
- ca. 13 Min.
- gehaltvolle Gerichte mit Gemüse, Fleisch und Fisch oder auch kalte Gerichte wie z. B. Nudelsalate

⑫ Casarecce
(Gedrehte, leicht geschwungene Nudeln)
- ca. 12 Min.
- fantasievolle Gemüsesoßen, typisch mediterrane Gerichte, z. B. mit Pesto, kleinen Tintenfischen oder Garnelen

⑬ Cellentani (Korkenzieher-Nudeln)
- ca. 10 Min.
- alle Soßen, Salate, kreative Fleisch-, Fisch- und Geflügelgerichte

Hörnchennudeln

⑧ Pipette Rigate
(Kleine geriffelte Hörnchen)
- ca. 8 Min.
- alle sämigen Soßen, besonders einfache Tomatensoßen, Salate

⑨ Pipe Rigate
(Große geriffelte Hörnchen)
- ca. 10 Min.
- leichte Gemüse- und schmackhafte Käsesoßen, Suppen und Pfannengerichte

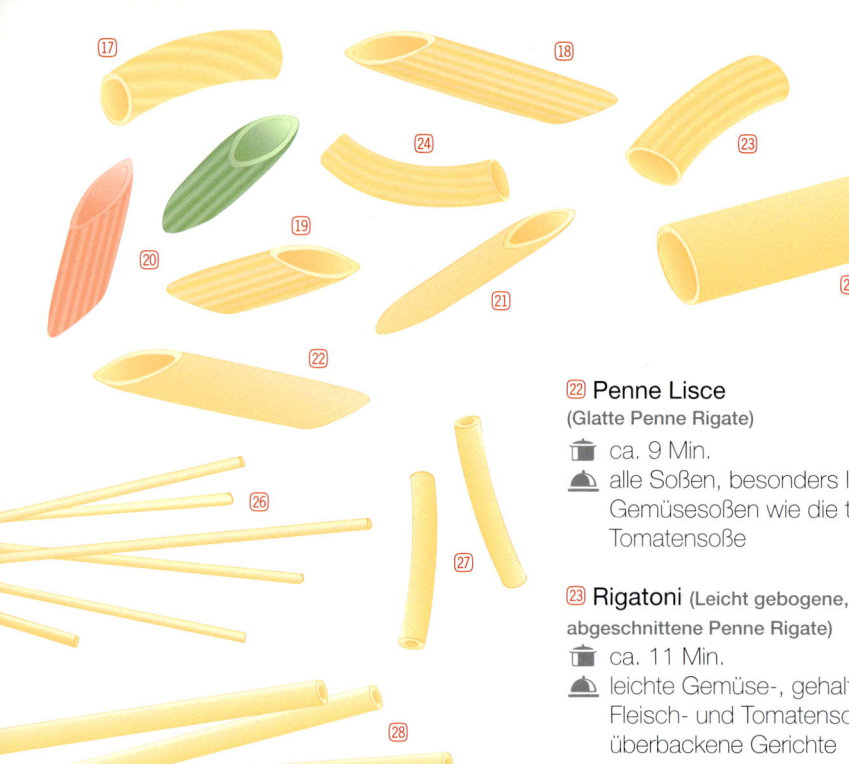

ℒ Lange, dünne **Nudeln**

㉙ Capellini (Sehr dünne Spaghetti, Fadennudeln, Engelshaar)
- 🍲 ca. 3 Min.
- 🍽 leichte Soßen, kräftige Fleischbrühe

㉚ Spaghettini (Dünnere Spaghetti)
- 🍲 ca. 5 Min.
- 🍽 Garnelen und Krabben, traditionelle Soßen aus Olivenöl oder leichte Soßen mit Thunfisch

㉛ Spaghetti (Lange, dünne, runde Nudeln)
- 🍲 ca. 8 Min.
- 🍽 alle Soßen, besonders einfache Tomatensoßen und Pesto, aber auch ausgefallene Gerichte mit Fisch und Meeresfrüchten

㉜ Spaghettoni (Dicke Spaghetti)
- 🍲 ca. 13 Min.
- 🍽 leichte Soßen mit Fisch oder pikante Soßen mit Knoblauch und Peperoni

㉝ Spaghetti Lunghi (Extralange Spaghetti)
- 🍲 ca. 11 Min.
- 🍽 leichte Soßen und raffinierte Gerichte mit Fisch, Fleisch und Gemüse

㉞ Bavette
(Spaghetti mit einer leichten Wölbung)
- 🍲 ca. 6 Min.
- 🍽 traditionelle, leichte Pesto-Gerichte, scharfe Arrabbiata-Soße oder auch zu Muscheln und Fisch

㉟ Linguine (Flache Spaghetti)
- 🍲 9–12 Min.
- 🍽 Pilze, Kräutersoßen, kurzgebratenes Gemüse, Fleisch, Fisch und Meeresfrüchte, Pesto

㉒ Penne Lisce
(Glatte Penne Rigate)
- 🍲 ca. 9 Min.
- 🍽 alle Soßen, besonders leichte Gemüsesoßen wie die traditionelle Tomatensoße

㉓ Rigatoni (Leicht gebogene, gerade abgeschnittene Penne Rigate)
- 🍲 ca. 11 Min.
- 🍽 leichte Gemüse-, gehaltvolle Fleisch- und Tomatensoßen sowie überbackene Gerichte

㉔ Sedani Rigati (Schmale Rigatoni)
- 🍲 ca. 12 Min.
- 🍽 alle Cremesoßen, z. B. mit Ricotta, und leichte Gemüsesoßen

㉕ Cannelloni
(Große, dicke, glatte Röhren zum Füllen)
- 🍲 ca. 8 Min.
- 🍽 reichhaltige, schmackhafte Schlemmergerichte mit Fleischsoßen wie die klassische Bolognesesoße

㉖ Bucatini (Schmale Makkaroni)
- 🍲 ca. 8 Min.
- 🍽 feine Gemüsesoßen, Geflügel- sowie reichhaltige Pfannengerichte

㉗ Maccheroncini
(Kurze, leicht gebogene Makkaroni)
- 🍲 ca. 10 Min.
- 🍽 alle Nudelsoßen, Überbackenes und Aufläufe

㉘ Makkaroni (Lange gerade Röhren)
- 🍲 8–12 Min.
- 🍽 Aufläufe, Fleisch-, Geflügel und Pfannengerichte sowie klassische Soßengerichte

𝒫 **Röhren**nudeln

⑰ Tortiglioni (Gerade abgeschnittene Röhren mit schrägen Rillen)
- 🍲 ca. 12 Min.
- 🍽 gehaltvolle Fleischsoßen, Rahm- oder raffinierte Gemüsesoßen

⑱ Penne Rigate
(Geriffelte, schräg abgeschnittene Röhren)
- 🍲 ca. 11 Min.
- 🍽 alle Soßen, vor allem Arrabbiata- und Bolognesesoße, Salate, Aufläufe, Pfannen- und Fischgerichte

⑲ Mezze Penne Rigate
(Kurze Penne Rigate)
- 🍲 ca. 11 Min.
- 🍽 alle sämigen Soßen, besonders Fleisch- und Käsesoßen

⑳ Mezze Penne Tricolore
(Dreifarbige kurze Penne Rigate)
- 🍲 ca. 11 Min.
- 🍽 alle traditionellen Soßen der italienischen Küche

㉑ Pennette Lisce
(Schmale glatte Penne Rigate)
- 🍲 ca. 6 Min.
- 🍽 frische Gemüsegerichte, Fisch und Muscheln, aber auch geschmacksintensive Fleisch- und Käsesoßen

Bandnudeln

38 Tagliolini (Sehr schmale Bandnudeln)

🍲 2–3 Min.

🍽 vegetarische oder asiatische Gerichte, Pilz- und Kräutersoßen

39 Tagliatelle (Bandnudeln)

🍲 ca. 6 Min.

🍽 raffinierte Ragouts, kurzgebratenes Gemüse, Pilze, Fleisch, Geflügel, Fisch und Meeresfrüchte

40 Tagliatelle verde (Grüne Bandnudeln)

🍲 ca. 5 Min.

🍽 gehaltvolle, kräftige Soßen sowie leichte oder pfiffige Fisch- und Gemüsegerichte, besonders mit Pilzen

41 Fettuccine (Breite Bandnudeln)

🍲 ca. 7 Min.

🍽 geschmacksintensive Fleisch-, Fisch-, Geflügel- und Wildgerichte, leichte Fisch- und Gemüsesoßen sowie Suppen oder klare Brühen

42 Mafaldine
(Bandnudeln mit gewelltem Rand)

🍲 ca. 9 Min.

🍽 geschmacksintensive Soßen wie z. B. Wild-, Kräuter- und Pilzsoßen

Asiatische Nudeln

43 Glasnudeln (Fast durchsichtige Fadennudeln aus Mungbohnenstärke)

🍲 kurz in kochendem Wasser ziehen lassen

🍽 Suppen, pikante Wokgerichte oder Meeresfrüchte

44 Reisnudeln (Weiße bis durchsichtige Fadennudeln aus Reismehl)

🍲 einige Minuten in kochendem Wasser ziehen lassen, dann weiterverarbeiten

🍽 Nudelsuppen, Pfannengerichte oder gebraten als Phat Thai

45 Mie-Nudeln/Bami-Nudeln
(Chinesische Eiernudeln)

Bei uns meist nur getrocknet oder als Instant-Nudeln erhältlich.

🍲 kurz in kochendem Wasser ziehen lassen

🍽 Pfannengemüse, Fleischgerichte und Nudelsuppen

46 Udon-Nudeln
(Japanische Nudeln aus Weizenmehl)

🍲 kurz in kochendem Wasser erhitzen

🍽 Nudelsuppen, Wokgerichte

Nudelplatten

36 Lasagne (Nudelteigplatten)

🍲 ca. 20 Min.

🍽 alle abwechslungsreichen Lasagnegerichte mit Gemüse, Fisch oder Käse sowie traditionelle Bolognesesoße

37 Lasagne con Spinaci
(Nudelteigplatten mit Spinat)

🍲 ca. 20 Min.

🍽 alle fantasievollen Lasagnegerichte, aber auch klassische Lasagne mit Bolognesesoße

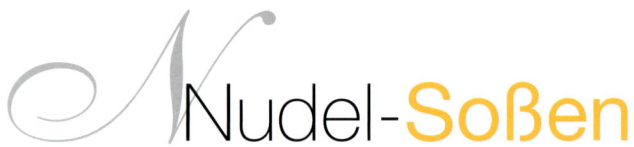

Nudel-Soßen

Bolognese-Soße

Hackfleischsoße

Zutaten für 4 Personen

250 g Staudensellerie, 300 g Möhren, 3 Knoblauchzehen
200 g Schalotten, 1 Bund glatte Petersilie
3 EL Olivenöl
400 g gemischtes Hackfleisch, 125 ml Brühe
1 Dose (= 480 g) geschälte Tomaten
125 ml Weißwein
Salz, schwarzer Pfeffer
Parmesan, frisch gerieben

Zubereitung

1. Den Sellerie putzen und waschen, die Möhren waschen und schälen. Beide in 0,5 cm große Würfel schneiden. Den Knoblauch und die Schalotten schälen und fein würfeln. Die Petersilie waschen, trocken schütteln und grob hacken.
2. Das Öl in einem Topf erhitzen und die Gemüsestücke darin anschwitzen. Das Hackfleisch hinzufügen und eine Minute mitdünsten. Dabei das Hackfleisch zerkleinern und regelmäßig umrühren.
3. Drei Viertel der Petersilie hinzufügen, die Brühe dazugießen und fast komplett einkochen lassen.
4. Die Tomaten grob klein schneiden und mit ihrem Saft, 500 ml Wasser sowie dem Weißwein zum Hackfleisch geben. Mit leicht geöffnetem Deckel ca. zwei Stunden bei geringer Hitze köcheln lassen. Mit Salz und Pfeffer abschmecken.
5. Wenn Sie die Soße mit Nudeln servieren, mit der restlichen Petersilie und je nach Belieben mit Parmesan bestreuen.

Napoli-Soße

Tomatensoße

Zutaten für 4 Personen

1,5 kg voll ausgereifte, aromatische Tomaten oder
2 große Dosen (= 480 g) geschälte Tomaten
2 große Zwiebeln, 3–5 Knoblauchzehen
½ Bund Basilikum oder Estragon
1 Bund glatte Petersilie, 4 EL Olivenöl, Salz
Pfeffer, frisch gemahlen
Parmesan, frisch gehobelt

Zubereitung

1. Die Tomaten enthäuten, indem man den Strunk entfernt und die Unterseite kreuzförmig einritzt. Die Tomaten mit reichlich kochendem Wasser übergießen. Wenn sich die eingeritzte Haut rollt, die Tomaten aus dem heißen Wasser nehmen und mit kaltem Wasser abschrecken. Die Haut abziehen und die Tomaten vierteln. Die Kerne und Trennwände entfernen und das Fruchtfleisch grob würfeln. Wenn Sie Dosentomaten verwenden, diese ebenfalls würfeln und die Flüssigkeit aus den Dosen dazugießen.
2. Die Zwiebeln und den Knoblauch schälen und fein würfeln. Die Kräuter waschen, trocken schütteln und fein schneiden.
3. Das Öl erhitzen, Zwiebel- und Knoblauchwürfel hinzufügen und bei mittlerer Hitze unter Rühren dünsten. Die Hälfte der Kräuter sowie die Tomatenwürfel dazugeben und die Soße zehn Minuten köcheln lassen.
4. Mit Salz und Pfeffer abschmecken und die restlichen Kräuter unterrühren. Nach Belieben mit Parmesan bestreut servieren.

Aglio e Olio-Soße

Mit Knoblauch, Peperoni und Olivenöl

Zutaten für 4 Personen

1 Knoblauchzehe, 1 Bund Petersilie
1 unbehandelte Zitrone, 1 rote Peperoni
125 ml Olivenöl, Salz, Parmesan, frisch gehobelt

Zubereitung

1. Den Knoblauch schälen und in feine Scheiben schneiden. Die Petersilie waschen, trocken schütteln und grob hacken. Die Zitrone heiß abwaschen, gründlich trocken tupfen und die Schale abreiben. Die Peperoni waschen, der Länge nach halbieren, entkernen und in feine Ringe schneiden.
2. Das Öl erhitzen, Knoblauchscheiben und Peperoniringe hinzufügen und das Öl einmal aufwallen lassen. Die Petersilie und die Zitronenschale dazugeben und mit Salz abschmecken.
3. Die Nudeln tropfnass in der Soße wenden. Auf Tellern anrichten und je nach Belieben mit Parmesan bestreuen.

Carbonara-Soße

Mit Bauchspeck und Ei

Zutaten für 4 Personen

90 g Pancetta (luftgetrockneter italienischer Bauchspeck)
2 EL Olivenöl, 60 g Parmesan
4 Eier Größe M

Zubereitung

1. Den Pancetta in kleine Würfel schneiden und in einer Pfanne mit Olivenöl bei mittlerer Hitze ein bis zwei Minuten knusprig braten. Die Hälfte von dem Parmesan fein reiben, die andere Hälfte hobeln. Den geriebenen Parmesan mit den Eiern in einer Schüssel verquirlen.
2. Die Nudeln mit dem Pancetta und 100 ml Nudelwasser in einer Pfanne eine Minute kochen. In eine vorgewärmte Schüssel füllen und die Eiermasse sofort unterheben.
3. Auf Tellern anrichten, mit dem gehobelten Parmesan bestreuen und sofort servieren.

Calabrese-Soße

Mit Tomaten, Schinken und Knoblauch

Zutaten für 4 Personen

3 Knoblauchzehen, 1 Zwiebel, 1 Bund Basilikum
1 Bund glatte Petersilie, 150 g Parmaschinken
50 g Butter, 1 getrocknete Chilischote
400 g gestückelte Tomaten aus der Dose
Salz, Pfeffer, Pecorino, frisch gerieben

Zubereitung

1. Den Knoblauch und die Zwiebel schälen und fein hacken. Das Basilikum und die Petersilie waschen, trocken schütteln und in Streifen schneiden. Den Schinken in kleine Würfel schneiden.
2. Die Butter in einem großen Topf erhitzen und die Zwiebel sowie die Chilischote andünsten. Den Knoblauch und die Schinkenwürfel hinzufügen und ca. fünf Minuten mitbraten.
3. Die Tomaten dazugeben und mit Salz sowie Pfeffer abschmecken. Zugedeckt bei geringer Hitze 15–20 Minuten köcheln lassen. Die Chilischote herausnehmen und drei Viertel der Kräuter unterrühren.
4. Die Nudeln gut mit der Soße vermischen und den Pecorino unterheben. Auf Tellern anrichten und mit den restlichen Kräutern bestreut servieren.

Quattro Formaggi-Soße

Mit vier Käsesorten

Zutaten für 4–6 Personen

250 g Mascarpone
180 g Gorgonzola
200 g Taleggio
200 g Parmesan, frisch gerieben
100 ml Milch
Pfeffer, frisch gemahlen
50 g Parmesan für die Dekoration

Zubereitung

1. Die vier Käsesorten bei niedriger Hitze in einem Topf in der folgenden Reihenfolge schmelzen: Mascarpone, Gorgonzola, Taleggio und zuletzt den Parmesan.
2. Sind alle vier Käsesorten geschmolzen, die Milch dazurühren und mit Pfeffer abschmecken. Mit den Nudeln anrichten und mit frisch gehobeltem Parmesan dekoriert servieren.

Arrabbiata-Soße

Scharfe Tomatensoße mit Chilischoten und Knoblauch

Zutaten für 4 Personen

500 g reife Tomaten
3–5 getrocknete Chili- oder Peperoncinischoten
1 Zwiebel, 3 Knoblauchzehen
½ Bund Petersilie
1 Rosmarinzweig
2–3 Frühlingszwiebeln
2 EL Olivenöl
Salz, schwarzer Pfeffer
Parmesan, frisch gerieben

Zubereitung

1. Die Tomaten enthäuten, indem man den Strunk entfernt und die Unterseite kreuzförmig einritzt. Die Tomaten mit reichlich kochendem Wasser übergießen. Wenn sich die eingeritzte Haut rollt, die Tomaten aus dem heißen Wasser nehmen und mit kaltem Wasser abschrecken. Die Haut abziehen und die Tomaten vierteln. Die Kerne und Trennwände entfernen und die Tomaten fein würfeln.
2. Die Chilischoten zerbröseln oder im Mörser zerstoßen. Die Zwiebel und den Knoblauch schälen. Die Petersilie waschen und trocken schütteln. Die Rosmarinnadeln abstreifen und mit Zwiebel, Knoblauch sowie Petersilie fein hacken. Die Frühlingszwiebeln putzen, waschen und in Ringe schneiden.
3. Knoblauch und Zwiebel in dem erhitzten Öl ca. fünf Minuten andünsten. Chili, Tomatenwürfel und Rosmarin hinzufügen und mit Salz sowie Pfeffer würzen. Zugedeckt ca. 20 Minuten bei mittlerer Hitze köcheln lassen, dabei gelegentlich umrühren. Wird die Soße zu dick, etwas Wasser dazugießen. Zum Schluss eventuell mit Salz und Pfeffer abschmecken und die Petersilie unterrühren.
4. Die Nudeln noch feucht mit der Soße vermischen, mit den Frühlingszwiebeln bestreuen und servieren. Dazu passt Parmesan.

Pesto alla Genovese

Grünes Pesto

Zutaten für 4 Personen

50 g Knoblauch
50 g Basilikumblätter
50 g Parmesan oder Pecorino
50 g Pinienkerne
etwas Salz
Olivenöl

Zubereitung

1. Den Knoblauch schälen und die Basilikumblätter waschen und trocken schütteln. Den Käse in kleine Stücke schneiden.
2. Käse, Knoblauch, Basilikum und Pinienkerne zusammen mit dem Salz sowie einem guten Schuss Olivenöl pürieren. Immer wieder etwas Öl nachgießen, bis eine glatte Paste entsteht.

Pesto Rosso

Rotes Pesto

Zutaten für 4 Personen

340 g getrocknete Tomaten in Öl
Olivenöl
50 g gemahlene Haselnüsse
75 g Parmesan, frisch gerieben
etwas Cayennepfeffer

Zubereitung

1. Die Tomaten abtropfen lassen und dabei 100 ml von dem Öl auffangen. Das aufgefangene Öl mit Olivenöl auf 200 ml auffüllen und die Tomaten grob hacken.
2. Die Tomaten mit den Haselnüssen pürieren. Dabei nach und nach das Öl hinzufügen. Den Parmesan unterrühren und mit Cayennepfeffer abschmecken.

Lasagne alla Bolognese

Zutaten für 4 Personen

15 Lasagneblätter
50 g Parmesan, frisch gehobelt
Fett für die Form

Für die Hackfleischsoße:
100 g Zwiebeln, 100 g Möhren
1 Selleriestange, 2 Knoblauchzehen
4 EL Olivenöl
600 g gemischtes Hackfleisch
800 g Tomaten aus der Dose
1 TL Oregano, 3 Salbeiblätter, gehackt
2 EL Tomatenmark
Salz, Pfeffer

Für die Béchamelsoße:
60 g Butter, 60 g Mehl, 1 l Milch
Salz, 1 Prise Muskatnuss, gerieben

Zubereitung

1. Den Backofen auf 250° C, Gas Stufe 5–6, Umluft
   230° C vorheizen. Für die Hackfleischsoße die Zwiebeln
   und Möhren schälen. Den Sellerie putzen und waschen
   und zusammen mit Zwiebeln und Möhren würfeln. Den
   Knoblauch schälen und hacken.
2. Die Zwiebel-, Möhren- und Selleriewürfel in dem erhitzten Öl anbraten. Das Hackfleisch hinzufügen und krümelig braten. Die restlichen Zutaten für die Hackfleischsoße dazugeben, die Tomaten dabei grob zerkleinern.
   Alles gut verrühren und zehn Minuten köcheln lassen.
   Mit Salz und Pfeffer abschmecken.
3. Für die Béchamelsoße die Butter in einem Topf zerlas-
   sen. Das Mehl hineinrühren, kurz anschwitzen und unter
   Rühren nach und nach die Milch zugießen. Mit Muskat
   sowie Salz abschmecken und einmal aufkochen lassen.
4. Eine Auflaufform einfetten. Jeweils 1/6 der beiden Soßen
   in die Auflaufform füllen und mit Lasagneblättern belegen. Das Ganze so lange wiederholen, bis die Soßen
   und Lasagneblätter aufgebraucht sind. Die oberste
   Schicht soll Soße sein, die mit dem Parmesan bestreut
   wird.
5. Im Backofen ca. 20–25 Minuten garen. Vor dem
   Servieren ein paar Minuten im abgeschalteten Backofen ruhen lassen.

Canneloni mit Hackfleisch-Frischkäse-Füllung

Zutaten für 4 Personen

½ Bund Petersilie
2 Zwiebeln, 2 Knoblauchzehen
20 g Butter
500 g Hackfleisch
80 g Tomatenmark
1 Dose (= 240 g) Tomaten
Salz, Pfeffer
Muskatnuss, gerieben
Zucker
2 Eier
400 g Kräuter-Frischkäse
Fett für die Form
⅜ l Fleischbrühe
150 g Sauerrahm
20 Cannelloni (ohne Vorkochen)
100 g Gouda, gerieben

Zubereitung

1. Die Petersilie waschen, trocken schütteln, von den Stielen zupfen und fein hacken. Die Zwiebeln und den
   Knoblauch schälen, hacken und in der erhitzten Butter
   anbraten. Das Hackfleisch hinzufügen und unter Rühren
   krümelig braten.
2. Das Tomatenmark hineinrühren. Die Tomaten ohne Saft
   dazugeben und grob zerkleinern. Mit Salz, Pfeffer, etwas
   Muskatnuss und einer Prise Zucker abschmecken. Die
   Petersilie hinzufügen und alles bei mittlerer Hitze acht bis
   zehn Minuten köcheln lassen.
3. Die Eier verquirlen, mit der Hälfte von dem Frischkäse
   verrühren und unter die Hackfleischmischung rühren.
4. Die Masse mit einem Löffel in die Cannelloni füllen und
   diese in eine gefettete Auflaufform legen. Den Backofen
   auf 200° C, Gas Stufe 3–4, Umluft 180° C vorheizen.
5. Den restlichen Frischkäse unter Rühren in der erhitzten
   Brühe auflösen. Den Topf vom Herd nehmen, den Sauerrahm hineinrühren und mit Pfeffer sowie Muskatnuss
   abschmecken.
6. Die Soße über die Cannelloni gießen und mit dem
   Gouda bestreuen. Im Backofen auf der mittleren Schiene
   ca. 30–35 Minuten garen.

Asiatische Bratnudeln
mit grünem Spargel

Zubereitung

1. Die Nudeln nach Packungsanweisung zubereiten. Wenn sie noch bissfest sind, abgießen und gut abschütteln.

2. Die Tomaten waschen, vierteln, entkernen, den Stielansatz entfernen und in Spalten schneiden. Den Spargel waschen, das untere Drittel schälen und holzige Enden abschneiden. Die Stangen längs halbieren. Den Ingwer schälen und sehr fein hacken. Das Basilikum waschen, trocken schütteln und klein schneiden. Ein paar Blätter für die Dekoration zurückbehalten.

3. Zwei Esslöffel Öl erhitzen. Den Spargel darin braten, mit Salz und Pfeffer würzen und den Ingwer im Bratfett andünsten. Die Nudeln hinzufügen, mit Salz, Pfeffer und Sojasoße würzen und das Basilikum unterheben.

4. Das restliche Öl in einer weiteren Pfanne erhitzen. Die Tomatenspalten darin andünsten, die Asiasoße und Gemüsebrühe hinzufügen und kurz aufkochen.

5. Den Soßenbinder hineinstreuen, eine Minute kochen und mit Salz sowie Pfeffer abschmecken.

6. Die Nudeln und den Spargel mit der Soße anrichten. Mit Tomaten und den zurückbehaltenen Basilikumblättern dekoriert servieren.

Tipp

Zu diesem Rezept passen auch Tagliolini oder Linguine.

Zutaten für 4 Personen

250 g Mie-Nudeln
4 Tomaten
800 g grüner Spargel
1 walnussgroßes Stück Ingwer
3 Stängel Thai-Basilikum
4 EL Sojaöl
Salz

Pfeffer
3–4 EL Sojasoße
200 ml süßsaure Asiasoße
250 ml Gemüsebrühe
1 gehäufter EL Soßenbinder für Gemüse,
z. B. von Mondamin
Tomaten für die Dekoration

Zutaten für 4 Personen

80 g Bärlauch
½ Bund Petersilie
20 g Kürbiskerne
½ kleine Fenchelknolle
1 EL Olivenöl
60 ml Weißwein
60 ml Geflügelbrühe

300 g Linguine
80 g Limburger, z. B. Mangberg, Goldsteig
oder ein anderer Rotschmierkäse
200 ml süße Sahne
Salz
Pfeffer

Linguine mit
Rotschmierkäse-Bärlauch-Soße

Zubereitung

1. Den Bärlauch und die Petersilie waschen, trocken schütteln und dicke Stiele entfernen. Drei Viertel des Bärlauchs und die gesamte Petersilie einige Sekunden in einem Topf mit kochendem Salzwasser blanchieren. Abgießen und mit kaltem Wasser abschrecken.

2. Die Kürbiskerne in einer beschichteten Pfanne ohne Fett kurz anrösten, bis sie duften. Vorsicht, sie verbrennen schnell! Leicht salzen und auf einem flachen Teller abkühlen.

3. Die Fenchelknolle waschen, putzen, halbieren und in feine Streifen schneiden.

4. Die Fenchelstreifen kurz in dem erhitzten Olivenöl dünsten, mit dem Weißwein und der Geflügelbrühe aufgießen und zehn Minuten weich kochen. Am Ende soll die Flüssigkeit vollständig eingekocht sein.

5. Die Nudeln nach Packungsanweisung mit drei Teelöffeln Salz in drei Litern Wasser kochen. Währenddessen den Käse in kleine Würfel schneiden und zusammen mit der Sahne zum Fenchel geben. Aufkochen, vom Herd nehmen und einige Minuten stehen lassen, damit der Käse schmilzt.

6. Die Käsesoße mit dem frischen Bärlauch und den blanchierten Kräutern fein pürieren.

7. Wenn die Nudeln noch bissfest sind, abgießen und gut abschütteln. Die Bärlauchsoße mit Salz und Pfeffer abschmecken, noch einmal erwärmen, aber nicht mehr kochen. Mit den Nudeln auf Tellern anrichten und mit den Kürbiskernen bestreut servieren.

Austernpilz-Rahmragout
auf Mafaldine

Zubereitung

1. Die Austernpilze mit einem Pilz- oder Kuchenpinsel säubern. Nicht waschen, da sie sich schnell mit Wasser vollsaugen und an Geschmack verlieren! Die Stielenden abschneiden und die Pilze in der Butter goldgelb anbraten.

2. Den Weißwein dazugießen, salzen, pfeffern und zwei bis drei Minuten köcheln lassen, bis die Flüssigkeit sämig wird.

3. Den Schlagrahm hinzufügen und weitere zehn Minuten köcheln lassen.

4. Die Petersilie waschen, trocken schütteln und klein schneiden.

5. Die Frühlingszwiebeln putzen, waschen und in kleine Ringe schneiden. Zu den Pilzen geben und nur noch einmal kurz aufkochen. Zum Schluss den Balsamico Essig unterrühren.

6. Die Nudeln nach Packungsanweisung mit fünf Teelöffeln Salz in fünf Litern Wasser kochen. Wenn sie noch bissfest sind, abgießen und gut abschütteln. Mit dem Olivenöl und der Petersilie mischen. Die Nudeln mit dem Pilzragout auf Tellern anrichten. Mit Estragon dekorieren und sofort servieren.

Tipp

Alternativ können statt der Mafaldine auch Mezze Penne Rigate oder Tagliolini dazu serviert werden.

Zutaten für 4 Personen

400 g Austernpilze
50 g Butter
100 ml Weißwein
200 ml Schlagrahm
2 Frühlingszwiebeln
1 Bund Petersilie

1 TL Balsamico Essig
Salz
Pfeffer
500 g Mafaldine
1 EL Olivenöl
frischer Estragon

Spaghetti mit
Kräuterpesto, Feta und Oliven

Zutaten für 4 Personen

400 g Spaghetti
200 g Feta
100 g schwarze Oliven
2 Knoblauchzehen
4 EL Olivenöl
Salz

Für das Kräuterpesto:
150 g Kräuter, z. B. Petersilie,
Basilikum, Rosmarin, Thymian
3 Knoblauchzehen
100 g Walnüsse
200 ml Olivenöl
Salz
Pfeffer
100 g geriebener Pecorino
oder ein anderer Hartkäse

Zubereitung

1. Für das Pesto die Kräuter waschen und trocken schütteln. Die Knoblauchzehen schälen und mit den Walnüssen und Kräutern im Mixer fein zerkleinern.

2. Das Öl hinzufügen, salzen, pfeffern und den geriebenen Pecorino unterheben.

3. Die Spaghetti nach Packungsanweisung mit vier Teelöffeln Salz in vier Litern Wasser kochen.

4. Den Feta würfeln und die Oliven in einem Sieb abtropfen lassen.

5. Die Knoblauchzehen schälen, grob hacken und in dem erhitzten Olivenöl kurz andünsten. Wenn die Spaghetti noch bissfest sind, abgießen, gut abschütteln und in dem heißen Knoblauchöl schwenken.

6. Die Spaghetti mit Feta, Oliven und Kräuterpesto servieren.

Tipp

Zu diesem selbst gemachten Kräuterpesto schmecken auch Farfalle, Bavette oder Spaghettini.

Zutaten für 4 Personen

600 g gemischtes Gemüse, z. B. Paprika und Zucchini	3 TL Steinpilze, getrocknet und gemahlen
6–7 EL Olivenöl	250 ml Sahne zum Kochen
Salz, Pfeffer	250 ml Milch (1,5 % Fett)
1 Zwiebel	½ Bund Thymian
400 g Steinpilze	400 g Tagliolini
	glatte Petersilie

Tagliolini in Steinpilzrahm
mit mediterranem Gemüse

Zubereitung

1. Den Backofen auf 250° C, Gas Stufe 5–6, Umluft 230° C vorheizen. Die Paprika und Zucchini waschen, putzen und in grobe Stücke schneiden. In einer Schüssel mit vier bis fünf Esslöffeln Olivenöl, Salz und Pfeffer marinieren.

2. Das marinierte Gemüse auf einem mit Backpapier belegten Blech verteilen und 15–20 Minuten im Backofen garen.

3. Den Thymian waschen, trocken schütteln und klein schneiden. Die Zwiebel schälen, fein würfeln und in dem restlichen Olivenöl anschwitzen.

4. Die Steinpilze sauber abbürsten und eventuell das erdige Ende des Stiels abschneiden. Schadhafte Stellen abschneiden oder mit einem Messer abkratzen. Sind es große Steinpilze, den Schwamm unter der Kappe entfernen. Die Pilze in kleine Stücke schneiden, zu den Zwiebelwürfeln geben und ca. drei bis vier Minuten anbraten.

5. Mit der Sahne zum Kochen und der Milch aufgießen und die gemahlenen Steinpilze hineinrühren. Mit Salz, Pfeffer und dem Thymian würzen. Zwei Minuten fertig garen.

6. Die Nudeln nach Packungsanweisung mit vier Teelöffeln Salz in vier Litern Wasser kochen. Wenn sie noch bissfest sind, abgießen, gut abschütteln und mit dem Steinpilzrahm vermengen.

7. Die Tagliolini mit einer Fleischgabel aufrollen und mit dem Gemüse dekorativ auf Tellern anrichten. Mit Petersilie dekoriert servieren.

Tipp

Dazu schmecken auch Linguine, Mafaldine oder Tagliatelle.

 Penne mit Bärlauch

Zutaten für 4 Personen

50 g junger Bärlauch
300 g Weichkäse, z. B. Bonifaz Naturzart
400 g Penne Rigate
Salz
⅛ l Gemüsebrühe
Pfeffer, frisch gemahlen

Zubereitung

1. Den Bärlauch waschen, trocken schütteln und in dünne Streifen schneiden.

2. Den Käse in ca. 1 cm große Würfel schneiden.

3. Die Nudeln nach Packungsanweisung mit vier Teelöffeln Salz in vier Litern Wasser kochen. Wenn sie noch bissfest sind, abgießen und gut abschütteln.

4. In einem Topf die Brühe erhitzen. Die Nudeln und Bärlauchstreifen hinzufügen, kurz erhitzen und mit Salz und Pfeffer würzen.

5. Die Käsewürfel unterheben, das Ganze nur noch kurz erwärmen und sofort servieren.

Rigatoni mit Tomaten
und glasierten Auberginen

Zutaten für 4 Personen

500 g reife Fleischtomaten, ersatzweise aus
der Dose ohne Saft
1 mittelgroße Aubergine
3 EL Butter
2 EL Zuckerrübensirup, z. B. von Grafschafter
500 g Rigatoni
Meersalz
Pfeffer, frisch gemahlen
½ Bund Basilikum

Zubereitung

1. Die Tomaten enthäuten, indem man den Strunk entfernt und die Unterseite kreuzförmig einritzt. Die Tomaten mit reichlich kochendem Wasser übergießen. Wenn sich die eingeritzte Haut rollt, die Tomaten aus dem heißen Wasser nehmen und mit kaltem Wasser abschrecken. Die Haut abziehen, die Tomaten vierteln und Kerne sowie Trennwände entfernen. Das Fruchtfleisch grob würfeln.

2. Die Aubergine waschen, putzen und in 1 cm große Würfel schneiden. Das Basilikum waschen, trocken schütteln und in feine Streifen schneiden.

3. Die Butter erhitzen, zuerst den Zuckerrübensirup und dann die Auberginenwürfel hinzufügen. Unter ständigem Wenden leicht karamellisieren.

4. Die Nudeln nach Packungsanweisung mit fünf Teelöffeln Salz in fünf Litern Wasser kochen. Wenn sie noch bissfest sind, abgießen und gut abschütteln. Die Nudeln mit Auberginen, Tomaten und Basilikum mischen und mit Salz sowie Pfeffer abschmecken.

Zutaten für 4 Personen

200 g Farfalle

Salz

200 g Brokkoli

80 g Zuckererbsen

Zucker

1 rote Paprikaschote

100 g Mais aus der Dose

1 Bund glatte Petersilie

1 EL grüne eingelegte Pfefferkörner

1 grüne Peperoni

2 Knoblauchzehen

1 TL Senfsamen

5 EL Pflanzenöl, z. B. von Livio®

6 EL weißer Balsamico Essig

Gemüse-Farfalle-Salat
mit scharfem Dressing

Zubereitung

1. Die Nudeln nach Packungsanweisung mit zwei Teelöffeln Salz in zwei Litern Wasser kochen.

2. Den Brokkoli putzen und in Röschen teilen. Die Zuckererbsen an beiden Enden abschneiden und eventuell Fäden dabei abziehen. Die Brokkoliröschen in leicht gesalzenem Wasser ca. vier Minuten blanchieren. Nach ca. drei Minuten die Zuckererbsen hinzufügen und kurz mitblanchieren.

3. Die Paprikaschote halbieren, die weißen Trennwände und Kerne entfernen, waschen und in Streifen schneiden. Die bissfesten Nudeln und das Gemüse abgießen. Das Gemüse kurz abschrecken und mit den Nudeln abkühlen lassen.

4. Den Mais in einem Sieb abtropfen lassen. Die Salatzutaten in einer Schüssel mischen.

5. Die Pfefferkörner abtropfen lassen und grob zerkleinern. Die Peperoni waschen, längs halbieren, entkernen und fein hacken.

6. Die Petersilie waschen, trocken schütteln und klein schneiden. Den Knoblauch schälen, durchpressen und mit dem Pfeffer und der Peperoni verrühren.

7. Die Senfsamen in einer Pfanne ohne Fett erhitzen und aufplatzen lassen. Zur Pfeffermischung geben und alles mit dem Pflanzenöl und Essig verrühren.

8. Die Petersilie hinzufügen und mit Salz sowie Zucker abschmecken. Die Soße über den Salat träufeln und servieren.

Tipp

Anstelle der Farfalle kann man diesen Salat auch mit Penne Rigate, Cellentani oder Pipette Rigate zubereiten.

Gebratene Nudelplätzchen

Zutaten für 4 Personen

200 g Fusilli
Salz, 250 g Steinchampignons
150 g Kirschtomaten
2 Frühlingszwiebeln
1 EL Butter, Pfeffer
400 ml Gemüsefond
1 gehäufter EL helle Mehlschwitze, z. B. von
Mondamin, 2 EL Doppelrahmfrischkäse
1 Ei Größe M, 2 EL Milch
Muskatnuss, gerieben
4 EL Öl

Zubereitung

1. Die Nudeln nach Packungsanweisung mit zwei Teelöffeln Salz in zwei Litern Wasser kochen. Wenn sie noch bissfest sind, abgießen und gut abschütteln.

2. Die Steinchampignons mit einem Pilz- oder Kuchenpinsel säubern. Nicht waschen, da sie sich schnell mit Wasser vollsaugen und an Geschmack verlieren! Die Stielenden abschneiden und die Pilze halbieren.

3. Die Tomaten waschen und halbieren. Die Frühlingszwiebeln putzen, waschen und in ca. 2 cm lange Stücke schneiden.

4. Die Butter schmelzen und die Champignonhälften darin anbraten. Mit Salz und Pfeffer würzen. Mit dem Fond ablöschen und drei Minuten kochen lassen.

5. Die Mehlschwitze in den Fond rühren und eine Minute kochen.

6. Den Frischkäse darin schmelzen. Die Tomatenhälften und die Frühlingszwiebeln hinzufügen und nochmals abschmecken.

7. Die Nudeln mit dem Ei und der Milch vermengen. Mit Salz, Pfeffer und Muskatnuss würzen. Im heißen Öl unter vorsichtigem Wenden zu ca. 8 cm großen Plätzchen anbraten und mit der Champignonsoße servieren.

Nudelpuffer
mit Gorgonzola-Tomaten-Soße

Zutaten für 2 Portionen

200 g Spaghetti, z. B. von Buitoni
Salz, 2 Eier
50 g Käse, gerieben
Maggi Würzmischung 2 – Gemüse und
helle Soßen
2 EL Sonnenblumenöl, z. B. von Thomy
1 Beutel Maggi fix & frisch Spaghetti Napoli
50 g Gorgonzola

Zubereitung

1. Die Spaghetti nach Packungsanweisung mit zwei Teelöffeln Salz in zwei Litern Wasser kochen. Wenn sie noch bissfest sind, abgießen, gut abschütteln und abkühlen lassen.

2. Die Eier mit dem Käse verrühren und die Spaghetti unter die Käse-Ei-Masse mischen. Mit Maggi Würzmischung 2 abschmecken und mit einer Gabel zu Puffern aufdrehen.

3. In einer Pfanne das Sonnenblumenöl erhitzen und die Puffer darin goldbraun braten.

4. 250 ml Wasser heiß werden lassen. Maggi fix & frisch Spaghetti Napoli hineinrühren und zum Kochen bringen. Den Gorgonzola in die Soße bröseln und kräftig umrühren.

5. Die Soße mit den Nudelpuffern servieren.

Gestürzter Nudelflan

Zutaten für 4 Personen

4 Nester (á 30 g) Tagliatelle verde
Salz
400 g Rindfleisch (aus der Keule)
1 Zwiebel
1 EL Butterschmalz
Pfeffer, edelsüßes Paprikapulver
1 EL Tomatenmark
250 g Möhren
2 Eier
4 EL Milch
Muskatnuss, gerieben
2 EL dunkle Mehlschwitze,
z. B. von Mondamin
ein paar Zuckererbsen für die
Dekoration
Fett für die Förmchen

Zubereitung

1. Die Nudeln nach Packungsanweisung mit einem Teelöffel Salz und einem Liter Wasser kochen. Wenn sie noch bissfest sind, abgießen und gut abschütteln.

2. Das Fleisch unter fließend kaltem Wasser abwaschen, mit Küchenkrepp trocken tupfen und in kleine Würfel schneiden. Die Zwiebel schälen und in Spalten schneiden.

3. Das Schmalz erhitzen. Fleisch und Zwiebeln darin kräftig anbraten und mit Salz, Pfeffer sowie Paprikapulver würzen. Das Tomatenmark hinzufügen und mit 250 ml Wasser ablöschen. Zugedeckt 30 Minuten schmoren.

4. Die Möhren waschen, schälen und in feine Scheiben schneiden. Weitere 250 ml Wasser mit den Möhren zum Rindfleisch geben und 30 Minuten zu Ende schmoren.

5. Nudeln, Eier und Milch vermengen. Mit Salz, Pfeffer sowie Muskatnuss würzen und in vier gefettete Förmchen (á ca. 150 ml Inhalt) füllen. In einen weiten Kochtopf mit siedendem Wasser setzen und 15–20 Minuten stocken lassen.

6. Die Zuckererbsen an beiden Enden abschneiden und eventuell Fäden dabei abziehen. In Salzwasser ca. fünf Minuten blanchieren.

7. Die Mehlschwitze in den Rindertopf rühren und eine Minute kochen. Nochmals mit Salz und Pfeffer abschmecken.

8. Den Flan aus den Förmchen stürzen, mit dem Rindertopf anrichten und mit den Zuckererbsen dekoriert servieren.

Tipp

Auch die etwas breiteren Fettuccine können für den Nudelflan verwendet werden.

Makkaroni
mit Putenragout

Zubereitung

1. Die Nudeln nach Packungsanweisung mit fünf Teelöffeln Salz in fünf Litern Wasser kochen. Wenn sie noch bissfest sind, abgießen und gut abschütteln.

2. Das Putenfleisch unter fließend kaltem Wasser abwaschen, mit Küchenkrepp trocken tupfen und in Würfel schneiden. Die Zwiebel schälen und hacken. Petersilie waschen, trocken schütteln und von zwei Stängeln die Blättchen abzupfen.

3. Das Olivenöl erhitzen. Die restlichen Petersilienstängel kurz darin frittieren und auf Küchenkrepp abtropfen lassen.

4. Das Fleisch und die Zwiebel unter Wenden in dem verbliebenen Bratfett ca. fünf Minuten bei starker Hitze anbraten. Mit Salz und den Pfefferkörnern würzen. Die Mandeln und das Tomatenmark hinzufügen und kurz mit anbraten. Mit dem Fond ablöschen und drei Minuten kochen lassen.

5. Den Soßenbinder in das Ragout rühren und eine Minute kochen. Mit Salz und Pfeffer abschmecken und mit den Petersilienblättchen bestreuen.

6. Die Nudeln mit dem Putenragout anrichten und mit der frittierten Petersilie dekoriert servieren.

Tipp

Zur Abwechslung lassen sich die Makkaroni auch mal durch Cellentani oder Fettuccine ersetzen.

Zutaten für 4 Personen

500 g Makkaroni
500 g Putenschnitzel
1 Zwiebel
5 Stängel glatte Petersilie
2–3 EL Olivenöl
Salz

1 EL eingelegte rote Pfefferkörner
50 g Mandelkerne
1 EL Tomatenmark
500 ml Gemüsefond
2 EL heller Soßenbinder, z. B. von Mondamin
Pfeffer

Nudelnest auf Hähnchenragout

Zutaten für 4 Personen

150 g Hähnchenfilet
2 Tomaten
4 Basilikumstängel
500 g schwarze und orange Spaghetti
Salz
300 g Kohlrabi
1 EL Butter
Pfeffer
1–2 EL Öl
150 ml süße Sahne
1 gehäufter EL heller Soßenbinder,
z. B. von Mondamin

Tipp

Zu diesem Hähnchen-
ragout schmecken auch
Tagliatelle oder Bucatini.

Zubereitung

1. Das Hähnchenfilet unter fließend kaltem Wasser abwaschen und mit Küchenkrepp trocken tupfen. Die Tomaten waschen, vierteln, entkernen, den Stielansatz entfernen und mit dem Hähnchenfilet in kleine Würfel schneiden. Das Basilikum waschen, trocken schütteln und die Blätter von den Stielen zupfen.

2. Die Nudeln nach Packungsanweisung mit fünf Teelöffeln Salz in fünf Litern Wasser kochen. Wenn sie noch bissfest sind, abgießen und gut abschütteln.

3. Die Kohlrabi schälen, vierteln und in feine Spalten schneiden. Die Butter schmelzen und die Kohlrabi darin andünsten. Mit Salz und Pfeffer würzen, mit 250 ml Wasser ablöschen und ca. fünf Minuten köcheln. Anschließend abtropfen lassen und den Fond aufbewahren.

4. Das Öl erhitzen und die Hähnchenwürfel darin anbraten. Mit dem Kohlrabifond und der Sahne ablöschen und zwei Minuten kochen.

5. Den Soßenbinder hineinstreuen und eine Minute kochen.

6. Tomaten, Kohlrabi und drei Viertel von dem Basilikum hinzufügen. Mit Salz und Pfeffer abschmecken.

7. Die Nudeln portionsweise mit dem Ragout anrichten. Mit dem restlichen Basilikum dekoriert servieren.

Zutaten für 2 Personen

250 g Zucchini
200 g Aubergine
Salz
je 1 rote, gelbe und grüne Paprikaschote
2 Bund Rucola
200 g Penne Rigate

3 EL Balsamico Essig
3 EL Pflanzenöl, z. B. von Livio®
1 EL Pflanzenöl zum Braten, z. B. von Biskin®
½ Bund Thymian
50 g Salami, in dünne Scheiben geschnitten
20 g schwarze Oliven, ohne Stein

Pennesalat
mit gebratenem Gemüse

Zubereitung

1. Die Zucchini waschen und in Scheiben schneiden. Die Aubergine waschen, halbieren, in Scheiben schneiden und salzen.

2. Die Paprikaschoten halbieren. die weißen Trennwände und Kerne entfernen, waschen und in Stücke schneiden. Den Rucola waschen und putzen. Den Thymian waschen, trocken schütteln und die Blätter von den Stielen zupfen.

3. Die Nudeln nach Packungsanweisung mit zwei Teelöffeln Salz in zwei Litern Wasser kochen. Wenn sie noch bissfest sind, abgießen und gut abschütteln.

4. Den Essig mit dem Pflanzenöl und drei Esslöffeln Wasser vermengen. Das Pflanzenöl zum Braten mit dem Thymian in einer Grillpfanne erhitzen und das Gemüse portionsweise braten.

5. Das gebratene Gemüse und die Nudeln unter das Dressing mischen und abkühlen lassen.

6. Die Salami mit den in Scheiben geschnittenen Oliven und den Rucolablättern unter den Salat heben und sofort servieren.

 Tipp

Bunte Penne Rigate oder
Fusilli wirken in diesem
Salat besonders dekorativ.

*T*ortellini in Kressecreme

Zutaten **für 4 Personen**

300 g Lauch
250 ml Milch
2 gehäufte EL helle Mehlschwitze,
z. B. von Mondamin
1 Beet Kresse, Salz, Pfeffer
Muskatnuss, gerieben
400 g Vier-Käse-Tortellini (aus der Frischetheke)
1–2 EL Butter
50 g Frühstücksspeck

Zubereitung

1. Den Lauch putzen, waschen und in kleine Stücke schneiden. In 250 ml kochendem Salzwasser ca. zehn Minuten garen, abtropfen lassen und den Fond auffangen.

2. Den Lauchfond und die Milch aufkochen lassen. Die Mehlschwitze hineinrühren und eine Minute kochen.

3. Die Kresse vom Beet schneiden, in die Soße streuen und pürieren. Mit Salz, Pfeffer und Muskatnuss abschmecken.

4. Die Tortellini nach Packungsanweisung mit vier Teelöffeln Salz in vier Litern Wasser kochen. Wenn sie noch bissfest sind, abgießen und gut abschütteln.

5. Die Butter in einer Pfanne schmelzen und den Speck darin knusprig auslassen. Die Tortellini und die Lauchstücke kurz im Speckfett schwenken und mit der Soße servieren.

 Makkaroni-Törtchen

Zutaten **für 4 Personen**

200 g Makkaroni,
z. B. von Buitoni
Salz
Butter für die Förmchen
4 Scheiben gekochter Schinken
150 ml kalte Milch
1 Ei
1 Eigelb
1 EL Schmand
1 Beutel Maggi fix & frisch
Ofen-Tortellini
alla panna
4 EL Pecorino

Zubereitung

1. Den Backofen auf 200° C, Gas Stufe 3–4,
Umluft 180° C vorheizen.

2. Die Makkaroni mit zwei Teelöffeln Salz in zwei Litern
Wasser ca. sechs Minuten vorkochen, abgießen und
gut abschütteln.

3. Vier Souffléförmchen mit einem Durchmesser von
8 cm mit Butter ausfetten. Die vorgekochten Makkaroni schneckenförmig in die Soufléförmchen legen.

4. In einer Schüssel Milch, Ei, Eigelb und Schmand miteinander verrühren. Maggi fix & frisch Ofen-Tortellini
alla panna unterrühren und die Masse auf die vier
Förmchen verteilen. Den Schinken würfeln und darüberstreuen.

5. Den Pecorino auf den Törtchen verteilen und
20 Minuten backen.

Tipp

Besonders eindrucksvoll
werden die Törtchen, wenn
Sie die gekochten Makkaroni
in ca. 5 cm lange Stücke
schneiden und die Förm-
chen senkrecht stehend
damit auslegen.

Trüffel-Safran-Tagliatelle
mit Lammfilets

Zutaten für 4 Personen

500 g grüner Spargel
400 g Tagliatelle
Salz
0,1 g gemahlener Safran
oder Safranfäden
600 g Lammlachse
schwarzer Pfeffer
2 EL Öl
1 Glas (= 80 g) Trüffelbutter,
z. B. von Meggle
frischer Estragon

Tipp

Safran gibt es in Döschen
mit 0,4 g gemahlenem Safran
oder Safranfäden zu kaufen.
Bei der Zubereitung wird er
einfach mitgekocht.

Zubereitung

1. Den Spargel waschen, das untere Drittel schälen und holzige Enden abschneiden. Die Stangen in 3 cm lange Stücke schneiden.

2. Die Nudeln mit dem Safran und den Spargelstücken nach Packungsanweisung mit vier Teelöffeln Salz in vier Litern Wasser kochen.

3. Das Fleisch unter fließend kaltem Wasser abwaschen, mit Küchenkrepp trocken tupfen und mit Salz sowie Pfeffer würzen.

4. Das Öl in einer Pfanne erhitzen und das Fleisch von jeder Seite ca. drei Minuten braten. Die bissfesten Nudeln und Spargelstücke abgießen und gut abschütteln.

5. Die Trüffelbutter schmelzen. Nudeln und Spargel darin schwenken und mit Salz sowie Pfeffer würzen.

6. Nudeln, Spargelstücke und Fleisch anrichten und mit Estragon dekoriert servieren.

Linguine mit Kalbfleisch-Soße

Zutaten für 4 Personen

1 Zwiebel, 2 Knoblauchzehen
250 g Champignons
4 Kalbsschnitzel (ca. 500 g)
50 g Knoblauch-Butter, z. B. von Meggle
⅛ l trockener Weißwein
200 g Crème fraîche
Salz, schwarzer Pfeffer, frisch gemahlen
1 Prise Muskatnuss
400 g Linguine
je 1 Bund Rucola und Petersilie

Zubereitung

1. Die Zwiebel und den Knoblauch schälen und fein hacken. Die Champignons mit einem Pilz- oder Kuchenpinsel säubern. Nicht waschen, da sie sich schnell mit Wasser vollsaugen und an Geschmack verlieren! Die Stielenden abschneiden und die Pilze in dünne Scheiben schneiden.

2. Die Schnitzel unter fließend kaltem Wasser abwaschen, mit Küchenkrepp trocken tupfen und in kleine Würfel schneiden.

3. In einer tiefen, breiten Pfanne die Hälfte der Knoblauch-Butter erhitzen, das Fleisch portionsweise darin anbraten, aus der Pfanne nehmen und beiseitestellen.

4. Die restliche Knoblauch-Butter in einer Pfanne schmelzen und die Zwiebeln sowie den Knoblauch darin glasig dünsten. Die Champignons dazugeben und dünsten, bis fast die ganze Flüssigkeit verdampft ist. Dann mit dem Weißwein ablöschen und aufkochen.

5. Das Fleisch mit der Crème fraîche mischen und ebenfalls in die Pfanne geben. Zugedeckt 15 Minuten köcheln lassen. Die Soße mit Salz, Pfeffer und Muskatnuss würzen.

6. Die Nudeln nach Packungsanweisung mit vier Teelöffeln Salz in vier Litern Wasser kochen. Den Rucola mit der Petersilie waschen, trocken tupfen und fein hacken.

7. Die Soße abschmecken und den Rucola sowie drei Viertel der Petersilie untermischen. Die bissfesten Linguine abgießen, gut abschütteln und in einer vorgewärmten Schüssel mit der Soße mischen. Mit der restlichen Petersilie bestreut servieren. Nach Belieben frisch geriebenen Parmesan und Tomatensalat dazu reichen.

 Käse-Pasta
mit buntem Gemüse

Zubereitung

1. Das Rinderfilet unter fließend kaltem Wasser abwaschen, mit Küchenkrepp trocken tupfen, in Streifen schneiden und mit Salz und Pfeffer würzen. Die Paprikaschoten halbieren, die weißen Trennwände und Kerne entfernen, waschen und in Würfel schneiden.

2. Die Frühlingszwiebeln putzen, waschen und in feine Ringe schneiden.

3. Die Nudeln nach Packungsanweisung mit 2 ½ Teelöffeln Salz in 2 ½ Litern Wasser kochen. Wenn sie noch bissfest sind, abgießen und gut abschütteln.

4. Das Rinderfilet in dem erhitzten Öl anbraten und herausnehmen. Die Paprikawürfel in das verbliebene Bratfett streuen, andünsten, die Gemüsebrühe angießen und aufkochen.

5. Die Avocado schälen, das Fruchtfleisch vom Kern lösen, pürieren, zu der Brühe geben und unterrühren.

6. Drei Scheiben von dem Käse in kleine Würfel schneiden und in der Soße schmelzen lassen. Die Soße mit Crème légère verfeinern und mit Salz, Pfeffer sowie dem Senf abschmecken.

7. Die Frühlingszwiebeln und Rinderfiletstreifen kurz in der Soße mit erhitzen. Den restlichen Käse in feine Streifen und die Kresse vom Beet schneiden.

8. Die Soße mit den Nudeln und den Käsestreifen anrichten und mit Kresse dekoriert servieren.

Zutaten für 4 Personen

300 g Rinderfilet
Salz, Pfeffer, frisch gemahlen
je 2 kleine rote und gelbe Paprikaschoten
2 Frühlingszwiebeln
250 g Tagliatelle verde
Öl, 550 ml Gemüsebrühe

1 kleine reife Avocado
100 g (= 4 Scheiben) Leerdammer Lightlife®
1 Becher (= 150 g) Crème légère
1–2 TL Senf
1 Beet Kresse

Bratnudeln
mit Rindfleisch

Zubereitung

1. Die Nudeln nach Packungsanweisung zubereiten. Wenn sie noch bissfest sind, abgießen und gut abschütteln.

2. Das Fleisch unter fließend kaltem Wasser abwaschen, mit Küchenkrepp trocken tupfen und in Streifen schneiden.

3. Die Karotten waschen und schälen. Die Paprika halbieren, die weißen Trennwände und Kerne entfernen, waschen und zusammen mit den Karotten in feine Streifen schneiden.

4. Den Knoblauch und Ingwer schälen und sehr fein hacken. Die Hälfte des Kokosfetts im Wok erhitzen.

5. Den Knoblauch und Ingwer darin andünsten. Das Fleisch hinzufügen, bei starker Hitze zwei bis drei Minuten braten, mit Salz würzen und herausnehmen.

6. Das restliche Kokosfett im Bratfett erhitzen. Die Karotten- und Paprikastreifen darin einmal rundherum anbraten. Die Nudeln dazugeben und drei bis vier Minuten zu Ende braten.

7. Chili-Soße, Sesamöl und Sojasoße unterrühren. Das Fleisch wieder hinzufügen und die Sprossen unterheben.

8. Nochmals abschmecken und mit essbaren Orchideenblüten dekoriert servieren.

Tipp

Tagliolini oder Linguine bringen etwas Abwechslung in dieses Pfannengericht.

Zutaten für 4 Personen

100 g Udon-Nudeln
Salz
400 g Rindersteak
250 g Karotten
3 bunte Paprikaschoten
2 Knoblauchzehen
40 g Ingwer

1 Würfel (= 25 g) Kokosfett, z. B. von Palmin®
4–6 EL Thai Chili-Soße
1–2 EL Sesamöl
2–3 EL Sojasoße
120 g Sojasprossen
essbare Orchideenblüten

Glasnudeln mit
Schweinefleisch „Hongkong"

Zutaten für 4 Personen

20 g getrocknete Shiitake-Pilze
400 g Glasnudeln, Salz
400 g Schweineschnitzel
6 EL Speisestärke, 6 EL Reiswein
6–8 TL China-Würzmischung, z. B. von Fuchs
200 g Sojasprossen
je 1 rote, gelbe und grüne Paprikaschote
2 EL Speiseöl, 4 EL Sojasoße
½–1 TL Sambal Oelek, frische Zitronenmelisse

Zubereitung

1. Die Pilze gründlich mit kaltem Wasser abspülen, ca. eine Stunde in kaltem Wasser quellen lassen und etwas auspressen.

2. Die Nudeln nach Packungsanweisung zubereiten. Wenn sie noch bissfest sind, abgießen und gut abschütteln.

3. Die Schnitzel unter fließend kaltem Wasser waschen, trocken tupfen und in Stücke schneiden. Stärke, Reiswein und einen Teelöffel China-Würzmischung verrühren und die Schnitzelstücke damit vermischen.

4. Die Sprossen waschen. Die Paprikaschoten halbieren, die weißen Trennwände und Kerne entfernen, waschen und in Streifen schneiden.

5. Das Öl in einer Pfanne oder einem Wok erhitzen. Die Schnitzelstücke darin anbraten und herausnehmen.

6. Die Pilze, Sprossen und Paprikastreifen in dem verbliebenen Bratfett andünsten und abgedeckt ca. fünf bis zehn Minuten garen.

7. Das Fleisch und die Glasnudeln dazugeben, kurz mit erhitzen und mit der restlichen Würzmischung, Sojasoße sowie Sambal Oelek abschmecken. Mit Zironenmelisse dekoriert servieren.

$\mathcal{L}$auwarmer Nudelsalat

Zutaten für 4 Personen

250 g Hähnchenfilet, 600 ml Hühnerbrühe
400 g Penne Rigate
1 Dose (= 240 g) Artischockenherzen
75 g schwarze Oliven
1 Rosmarinstängel, 2 Knoblauchzehen
2 EL Zucker, 6 EL Balsamico Essig
1 EL dunkler Soßenbinder, z. B. von Mondamin
Salz, Pfeffer, getrocknete italienische Kräuter

Zubereitung

1. Das Hähnchenfilet unter fließend kaltem Wasser abwaschen und in der kochenden Brühe ca. 20 Minuten garen. Anschließend herausnehmen und in Würfel schneiden. Die Brühe mit Wasser auf vier Liter auffüllen, drei Teelöffel Salz hinzufügen und die Nudeln darin nach Packungsanweisung kochen. Wenn sie bissfest sind, abgießen und gut abschütteln. Die Brühe auffangen.

2. Die Artischockenherzen in einem Sieb abtropfen lassen und halbieren. Die Hähnchenwürfel, Nudeln und Artischockenherzen mit den Oliven mischen. Den Rosmarin waschen, trocken schütteln und die Nadeln vom Stängel streifen. Den Knoblauch schälen und durch eine Knoblauchpresse drücken.

3. Den Zucker in einer Pfanne goldbraun schmelzen. Knoblauch und Rosmarin hinzufügen. Mit 400 ml der aufgefangenen Brühe und dem Essig ablöschen und köcheln lassen, bis sich der Zucker gelöst hat.

4. Den Soßenbinder hineinrühren und eine Minute kochen lassen. Mit Salz, Pfeffer und den getrockneten italienischen Kräutern würzen.

5. Die Salatsoße noch heiß über die Nudelmischung geben, etwas ziehen lassen und eventuell nachwürzen.

Linguine mit
Lammragout und Mandeln

Zutaten für 4 Personen

400 g Lammfleisch aus der Schulter

50 g durchwachsener Räucherspeck

1 Zwiebel

1 Knoblauchzehe

50 g Staudensellerie

2 Tomaten

2 Rosmarinstängel

1 EL Olivenöl

2 EL gemahlene kalifornische Mandeln

150 ml Rotwein

150 ml Gemüsebrühe

50 g kalifornische Mandelblättchen

400 g Linguine

Salz

Pfeffer

Zubereitung

1. Das Lammfleisch unter fließend kaltem Wasser abwaschen, mit Küchenkrepp trocken tupfen und mit dem Speck in sehr kleine Würfel schneiden. Die Zwiebel und den Knoblauch schälen und fein hacken.

2. Den Staudensellerie und die Tomaten waschen, den Sellerie putzen und in Scheiben schneiden. Die Tomaten vierteln, entkernen, den Stielansatz entfernen und das Fruchtfleisch in Würfel schneiden. Den Rosmarin waschen, trocken schütteln, die Nadeln von den Stängeln zupfen und grob hacken.

3. Die Lamm- und Speckwürfel in einem mittelgroßen Topf in dem Olivenöl fünf Minuten anbraten. Zwiebeln, Knoblauch, Sellerie und die gemahlenen Mandeln hinzufügen und zwei Minuten mitrösten.

4. Die Tomatenwürfel und Rosmarinnadeln in den Topf geben und mit dem Rotwein ablöschen. Fünf Minuten einkochen, dann mit der Brühe aufgießen.

5. Das Ragout mit Salz und Pfeffer würzen, bei milder Hitze zwei Stunden mit Deckel schmoren, ab und zu umrühren. Falls nötig zwischendurch noch einmal etwas Wasser zugeben.

6. Die Mandelblättchen im Ofen unter dem Grill hellbraun rösten. Nicht aus den Augen lassen, damit sie nicht verbrennen!

7. Die Nudeln nach Packungsanweisung mit vier Teelöffeln Salz in vier Litern Wasser kochen. Wenn sie noch bissfest sind, abgießen, gut abschütteln und unter das Lammragout mischen. Sofort servieren und mit den Mandelblättchen bestreuen.

Tipp

Zu diesem Gericht machen sich auch Tagliatelle oder Spaghetti Lunghi gut.

Tagliatellesalat
mit Putenstreifen

Zutaten für 4 Personen

250 g Tagliatelle verde
Salz
300 g Putenbrust
3 EL rote Paprikapaste
2 EL Pflanzenöl zum Braten,
z. B. von Biskin®
4 Orangen
2 rote Zwiebeln
100 g weiße Champignons
½ Bund Bohnenkraut
5 EL Himbeeressig
2 EL Pflanzenöl, z. B. von Livio®
2 Knoblauchzehen
Pfeffer, frisch gemahlen
Zucker

Tipp

Zu einem frischen Nudel-
salat wie diesem passen
auch bunte Fusilli,
Cellentani oder Farfalle.

Zubereitung

1. Die Nudeln nach Packungsanweisung mit 2½ Tee-löffeln Salz in 2½ Litern Wasser kochen.

2. Die Putenbrust unter fließend kaltem Wasser abwa-schen, mit Küchenkrepp trocken tupfen und in Strei-fen schneiden. Mit der Paprikapaste bestreichen.

3. Das Pflanzenöl zum Braten in einer Pfanne erhitzen und die Putenstreifen darin ca. vier Minuten braten.

4. Die Orangen waschen, schälen und die einzelnen Filets herausschneiden. Die Zwiebeln schälen und in Spalten schneiden.

5. Die Champignons mit einem Pilz- oder Kuchenpinsel säubern. Nicht waschen, da sie sich schnell mit Wasser vollsaugen und an Geschmack verlieren! Sie Stielenden abschneiden und die Pilze in Schei-ben schneiden.

6. Die bissfesten Nudeln abgießen, gut abschütteln und abkühlen lassen. Anschließend mit den abgekühlten Putenbruststreifen, Zwiebelspalten, Champignons und Orangenfilets in eine Schüssel geben.

7. Das Bohnenkraut waschen, trocken schütteln, die Blättchen abzupfen und mit dem Essig sowie Pflanzenöl verrühren. Den Knoblauch schälen und dazupressen.

8. Die Soße mit Salz, Pfeffer und einer Prise Zucker ab-schmecken, über den Salat träufeln und servieren.

Thunfisch-Penne „Sizilia"

Zutaten für 2 Personen

150 g Penne Rigate
1 kleine rote Paprikaschote
2 Frühlingszwiebeln
1 TL Öl
Salz
Pfeffer, frisch gemahlen
1 Dose (= 160 g) Thunfisch für Pasta
„Oliven, Kapern & Tomate", z. B. von
Saupiquet
50 g Pecorino, gerieben
glatte Petersilie

Zubereitung

1. Die Nudeln nach Packungsanweisung mit 1½ Teelöffeln Salz in 1½ Litern Wasser kochen. Wenn sie noch bissfest sind, abgießen und gut abschütteln.

2. Die Paprikaschote halbieren, die weißen Trennwände und Kerne entfernen, waschen und in kleine Würfel schneiden. Die Frühlingszwiebeln putzen, waschen und schräg in 1 cm Ringe schneiden.

3. Das Öl in einer Pfanne erhitzen und die Paprikawürfel sowie die Frühlingszwiebelringe darin dünsten. Die Nudeln hinzufügen, mit Salz und Pfeffer abschmecken und alles kurz anbraten.

4. Den Thunfisch dazugeben, mit einer Gabel etwas zerkleinern und unter die Nudeln mischen.

5. Mit dem Pecorino bestreuen und mit Petersilie dekoriert servieren.

Thunfisch-Pasta
mit Schafskäsewürfeln

Zutaten **für 2 Personen**

150 g Maccheroncini, Salz
1 kleine Zucchini, 1 Schalotte
50 g Schafskäse, 1 TL Olivenöl
Pfeffer, frisch gemahlen
1 Dose (= 160 g) Thunfisch für Pasta „Tomate",
z. B. von Saupiquet
frisches Basilikum

Zubereitung

1. Den Backofen auf 200° C, Gas Stufe 3–4,
   Umluft 180° C vorheizen. Die Nudeln nach
   Packungsanweisung mit 1½ Teelöffeln Salz
   in 1½ Litern Wasser kochen. Wenn sie noch
   bissfest sind, abgießen und gut abschütteln.

2. Die Zucchini putzen und waschen. Die Schalotte
   schälen und mit der Zucchini und dem Schafskäse in Würfel schneiden.

3. Das Öl in einer Pfanne erhitzen, die Zucchini- und
   Schalottenwürfel darin dünsten und mit Salz
   sowie Pfeffer würzen.

4. Den Thunfisch in eine Auflaufform füllen und mit
   einer Gabel etwas zerkleinern.

5. Die Nudeln, Zucchini- und Schalottenwürfel
   hinzufügen und vermischen.

6. Mit den Schafskäsewürfeln bestreuen und ca.
   zehn Minuten im Backofen gratinieren. Mit Basilikum dekoriert servieren.

Thunfisch-Spaghetti
„Diavolo"

Zutaten für 2 Personen

150 g Spaghetti
Salz
100 g Rucola
2 rote eingelegte Peperoni
50 g Parmesan
1 Dose (= 160 g) Thunfisch für
Pasta „Knoblauch & Peperoncino",
z. B. von Saupiquet

Zubereitung

1. Die Nudeln nach Packungsanweisung mit 1½ Teelöffeln Salz in 1½ Litern Wasser kochen. Wenn sie noch bissfest sind, abgießen und gut abschütteln.

2. Den Rucola waschen und die Stiele entfernen.

3. Die Peperoni in Ringe schneiden und den Parmesan grob reiben.

4. Den Thunfisch in eine Schüssel geben und mit einer Gabel etwas zerkleinern.

5. Die Nudeln und Peperoniringe untermischen. Mit Parmesan und Rucola bestreut servieren.

Salat „Maritim" mit bunten Fusilli

Zutaten für 4 Personen

200 g bunte Fusilli
150 g Räucherlachs
300 g Tomaten
je 1 rote und grüne Paprikaschote
300 g Ananas
1 Flasche (= 250 ml) Salatsoße
Joghurt & Zitrone, z. B. von Kühne
3 EL Petersilie, gehackt
Salz, frische Kräuter

Zubereitung

1. Die Nudeln nach Packungsanweisung mit zwei Teelöffeln Salz in zwei Litern Wasser kochen. Wenn sie noch bissfest sind, abgießen und gut abschütteln.

2. Den Lachs in Streifen schneiden. Die Tomaten waschen, vierteln, entkernen, den Stielansatz entfernen und das Fruchtfleisch in Spalten schneiden.

3. Die Paprikaschoten halbieren, die weißen Trennwände und Kerne entfernen, waschen und würfeln. Die Ananas in Stücke schneiden.

4. Die Salatzutaten mit der Salatsoße und der Petersilie vermischen, kurze Zeit durchziehen lassen und mit frischen Kräutern dekoriert servieren.

Tipp

Die Fusilli können durch Penne Rigate, egal ob einfarbig oder bunt gemischt, ersetzt werden.

Gourmet-Garnelen-Pfanne
mit Rigatoni

Zutaten für 4 Personen

350 g Rigatoni
Salz, 4 EL Rapsöl
½ –1 TL Chiliflocken
2 EL Limettensaft
bunter Pfeffer, grob geschrotet
400 g küchenfertige Garnelen
4 Frühlingszwiebeln
200 g Kirschtomaten
300 g Leerdammer Caractère® in Scheiben
frisches Basilikum

Zubereitung

1. Die Nudeln nach Packungsanweisung mit 3 ½ Teelöffeln Salz in 3 ½ Litern Wasser kochen. Wenn sie bissfest sind, abgießen und gut abschütteln.

2. Das Rapsöl mit den Chiliflocken, Limettensaft, Salz und Pfeffer verrühren und die Garnelen darin einlegen.

3. Die Frühlingszwiebeln putzen, waschen und schräg in grobe Stücke schneiden. Die Kirschtomaten waschen, trocken tupfen und je nach Größe halbieren oder vierteln.

4. Die Garnelen in einer großen Pfanne anbraten, die Nudeln hinzufügen und ca. fünf Minuten mitbraten. Die Frühlingszwiebeln und Kirschtomaten ebenfalls dazugeben und kräftig mit Salz sowie Pfeffer würzen.

5. Den Käse auf der Garnelen-Nudel-Pfanne verteilen, die Pfanne abdecken und den Käse ca. fünf Minuten anschmelzen lassen. Mit buntem Pfeffer und Basilikum dekoriert servieren.

Scharfe Nudelpfanne „Neptun"

Zutaten für 2 Personen

150 g Penne Rigate, Salz
250 g Kirschtomaten
½ Bund Basilikum
1 TL Olivenöl
1 TL Zucker
1 Dose (= 160 g) Thunfisch für Pasta
Arrabbiata, z. B. von Saupiquet
100 g Ziegenkäserolle

Zubereitung

1. Die Nudeln nach Packungsanweisung mit 1½ Teelöffeln Salz in 1½ Litern Wasser kochen. Wenn sie noch bissfest sind, abgießen und gut abschütteln.

2. Die Kirschtomaten waschen, trocken tupfen und je nach Größe halbieren oder vierteln. Das Basilikum waschen, trocken schütteln, die Blätter von den Stielen zupfen und grob schneiden.

3. Das Öl in einer beschichteten Pfanne erhitzen, die Kirschtomaten kurz darin anschmelzen, mit Zucker bestreuen und karamellisieren lassen.

4. Die Nudeln und den zerkleinerten Thunfisch hinzufügen.

5. Den Ziegenkäse in Scheiben schneiden, auf der Nudelpfanne verteilen, die Pfanne abdecken und den Käse kurz anschmelzen lassen. Mit dem Basilikum bestreut servieren.

Spaghetti mit
Miesmuschel-Tomatensoße

Zutaten für 4 Personen

1 kg Miesmuscheln, 4 Schalotten, 2 Knoblauchzehen
1 unbehandelte Zitrone, 250 g Staudensellerie
750 g Tomaten, 350 g Zucchini
3 EL Olivenöl, 250 ml Weißwein
1 EL Tomatenmark, 100 ml süße Sahne
500 g Spaghetti, 1 Bund Basilikum, Salz, Pfeffer

Zubereitung

1. Die Muscheln zweimal unter fließend kaltem Wasser gründlich abschrubben und die schwarzen Haltefäden mit einem Messer lösen. Mit jeder offenen Muschel kräftig auf eine harte Oberfläche schlagen. Zwischen den Schalenhälften sitzt der faserige Muschelbart, den Sie nun herausziehen können. Geöffnete Muscheln, die sich bei Berührung nicht mehr schließen, wegwerfen, denn diese sind bereits verendet.

2. Die Schalotten und den Knoblauch schälen, die Schalotten vierteln, den Knoblauch würfeln. Die Zitrone heiß abwaschen, die Schale abreiben und den Saft auspressen. Den Sellerie putzen, waschen und in Stücke schneiden.

3. Die Tomaten enthäuten, indem man den Strunk entfernt und die Unterseite kreuzförmig einritzt. Die Tomaten mit reichlich kochendem Wasser übergießen. Wenn sich die eingeritzte Haut rollt, die Tomaten aus dem heißen Wasser nehmen und mit kaltem Wasser abschrecken. Die Haut abziehen, die Tomaten vierteln und in Spalten schneiden, die Kerne und Trennwände entfernen. Die Zucchini waschen und der Länge nach in feine Streifen schneiden.

4. Einen Esslöffel von dem Öl erhitzen und die Schalotten, den Knoblauch sowie die Hälfte des Staudenselleries darin andünsten. Mit dem Weißwein ablöschen und mit Salz sowie Pfeffer würzen.

5. Die Muscheln hinzufügen und im Weinsud ca. fünf Minuten dünsten, bis sie sich geöffnet haben. Die Muscheln abgießen, abtropfen lassen und den Sud dabei auffangen. Das Muschelfleisch aus zwei Dritteln der Muscheln herauslösen.

6. Das Spaghettiwasser aufsetzen. Für die Tomatensoße das restliche Öl erhitzen, darin den restlichen Staudensellerie sowie die Tomaten andünsten und mit dem Wein-Muschel-Sud ablöschen.

7. Das Tomatenmark, Zitronensaft und -schale sowie die Sahne hinzufügen und unter gelegentlichem Rühren ca. zehn Minuten dünsten. Nach sieben Minuten die Zucchinistreifen dazugeben und mitkochen.

8. Die Spaghetti nach Packungsanweisung mit fünf Teelöffeln Salz in fünf Litern Wasser kochen. Wenn sie noch bissfest sind, abgießen und gut abschütteln. Das Basilikum waschen, trocken schütteln, einige Blättchen für die Dekoration zurückbehalten und die restlichen Blätter fein schneiden.

9. Das ausgelöste Muschelfleisch, die Muscheln mit Schale sowie das geschnittene Basilikum zur Tomatensoße geben. Mit den Spaghetti mischen, auf Tellern anrichten und mit den Basilikumblättchen dekorieren.

Fusilli mit
Hering „Poseidon"

Zutaten für 4 Personen

4 frische, küchenfertige Heringe à ca. 250 g
(ca. 400 g essbarer Anteil)
Salz
Zitronensaft
1–2 EL Mehl
500 g Fusilli

Für die Soße:
2 Schalotten
2 EL Halbfettmargarine
2 TL Mehl
400 ml Fischfond
1–2 EL Tomatenmark
1–2 EL Paprikamark
Salz, Pfeffer, frisch gemahlen
ca. 800 g Spitzkohl
100 ml Gemüsebrühe
frischer Kerbel

Zubereitung

1. Die Heringe von innen und außen unter fließend kaltem Wasser abwaschen, mit Küchenkrepp trocken tupfen, salzen, mit dem Zitronensaft säuern und mit Mehl bestäuben.

2. Für die Soße die Schalotten schälen, würfeln
und in einem Esslöffel der erhitzten Halbfettmargarine andünsten. Das Mehl darüberstreuen
und anschwitzen.

3. Den Fischfond angießen, aufkochen, etwas
einkochen lassen und die Soße mit dem
Tomaten- und Paprikamark sowie Salz und
Pfeffer abschmecken.

4. Den Spitzkohl putzen, in Blätter zerteilen,
waschen und in Streifen schneiden. Die
Brühe aufkochen und den Spitzkohl darin
ca. fünf Minuten bissfest garen.

5. Die Nudeln nach Packungsanweisung mit fünf
Teelöffeln Salz in fünf Litern Wasser kochen.
Wenn sie noch bissfest sind, abgießen und
gut abschütteln.

6. Die restliche Margarine in einer beschichteten
Pfanne erhitzen und die Heringe darin von
jeder Seite ca. vier bis sechs Minuten braten.

7. Die Nudeln mit dem Spitzkohl vermischen und
mit Salz sowie Pfeffer abschmecken. Die Spitz-
kohl-Nudeln mit Hering und Soße auf Tellern
anrichten und mit Kerbel bestreut servieren.

Tipp

Saucelli, Gemelli oder Tagliatelle sind leckere Alternativen
für die Fusilli.

Ofen-Garnelen mit gerösteten Mafaldine

Zutaten **für 4 Personen**

500 g küchenfertige Garnelen
4 Knoblauchzehen
einige Blättchen Zitronenthymian
20 schwarze Oliven
500 g Mafaldine
Salz
2 EL Speiseöl mit Butter-
geschmack

Für die Chili-Tomaten:

400 g Kirschtomaten
2 EL Puderzucker
1 kleine rote Chilischote
Salz
Pfeffer, frisch gemahlen
ca. 500 ml Brühe
100 g Crème légère
80 g gemischte Gartenkräuter
z. B. Kerbel, Petersilie, Kresse

Tipp

Anstelle der Mafaldine kann man auch Pennette Lisce oder Casarecce zu den Ofen-Garnelen servieren.

Zubereitung

1. Den Backofen auf 180° C, Gas Stufe 2–3, Umluft 160° C vorheizen.

2. Die Garnelen unter fließend kaltem Wasser abwaschen und mit Küchenkrepp trocken tupfen. Den Knoblauch schälen und in Scheiben schneiden. Den Thymian waschen und trocken schütteln.

3. Die Garnelen mit dem Thymian, Knoblauch und Oliven vermischen und auf vier ausreichend großen Stücken Backpapier verteilen.

4. Das Backpapier zu Päckchen falten oder die Enden mit Küchengarn zusammenbinden, auf ein Backblech setzen und ca. 15–20 Minuten im Ofen garen.

5. Die Nudeln nach Packungsanweisung mit fünf Teelöffeln Salz in fünf Litern Wasser kochen. Wenn sie noch bissfest sind, abgießen und gut abschütteln.

6. Die Kirschtomaten waschen und trocknen tupfen. Den Puderzucker in einer beschichteten Pfanne erhitzen, die Tomaten hinzufügen und karamellisieren.

7. Die Chilischote waschen, der Länge nach halbieren, entkernen und in kleine Würfel schneiden. Die Tomaten mit den Chiliwürfeln mischen und mit Salz sowie Pfeffer würzen.

8. Das Öl in einer beschichteten Pfanne erhitzen, die Nudeln hinzufügen und anrösten.

9. Die Brühe und die Crème légère angießen. Die Kräuter waschen, trocken schütteln, sehr fein hacken und dazugeben. Die Nudeln mit den Garnelen und Chili-Tomaten servieren.

Nordische
Nudel-Seelachspfanne

Zutaten für 4 Personen

500 g Cellentani
600 g Seelachsfilet
Zitronensaft
Salz
3 Lauchstangen
je 1 große rote, grüne und gelbe
Paprikaschote
300 g Kirschtomaten
einige Basilikumblättchen
2 Knoblauchzehen
2 EL Olivenöl
300 ml Brühe
200 g Crème légère
3–4 TL mittelscharfer Senf
1–2 TL Meerrettich
Pfeffer

Zubereitung

1. Die Nudeln nach Packungsanweisung mit fünf Teelöffeln Salz in fünf Litern Wasser kochen. Wenn sie noch bissfest sind, abgießen und gut abschütteln.

2. Den Seelachs unter fließend kaltem Wasser abwaschen, mit Küchenkrepp trocken tupfen, in Streifen schneiden, mit Zitronensaft beträufeln und salzen.

3. Den Lauch putzen, waschen und in Ringe schneiden. Die Paprikaschoten halbieren, die weißen Trennwände und Kerne entfernen, waschen und in ca. 2 x 2 cm große Würfel schneiden.

4. Die Tomaten und das Basilikum waschen und trocken tupfen. Den Knoblauch schälen, in Scheiben schneiden, in einer beschichteten Pfanne goldbraun rösten und herausnehmen.

5. Das Öl in einer großen beschichteten Pfanne erhitzen, den Seelachs darin kurz anbraten und herausnehmen.

6. Die Lauchringe und Paprikawürfel in dem verbliebenen Bratfett andünsten, Brühe und Crème légère angießen, aufkochen und abgedeckt ca. zehn Minuten garen.

7. Die Nudeln und Tomaten untermischen, den Seelachs darauflegen, kurz mit erhitzen und mit dem Senf, Meerrettich, Salz, Pfeffer sowie Basilikum abschmecken.

8. Den gerösteten Knoblauch darüberstreuen und servieren.

Tipp

Dazu kann man auch mal Fusilli, Gemelli oder Tagliatelle probieren.

*L*Lachs-Gemüse-Ragout
mit Saucelli

Zutaten **für 4 Personen**

500 g Lachsfilet
Zitronensaft
Salz
250 g Champignons
1 Bund Frühlingszwiebeln
2 Fleischtomaten
500 g Saucelli
1 EL Speiseöl
300 ml Brühe
100 g Crème légère
3–4 Msp. Anis, gemahlen
Pfeffer, frisch gemahlen
2 EL gemischte, gehackte Kräuter,
z. B. Kerbel, glatte Petersilie, Dill

*T*Tipp

Als Alternative zu den Saucelli eignen sich besonders Pipe Rigate und Gemelli.

Zubereitung

1. Das Lachsfilet unter fließend kaltem Wasser abwaschen, mit Küchenkrepp trocken tupfen, in grobe Stücke schneiden, mit dem Zitronensaft säuern und salzen.

2. Die Champignons mit einem Pilz- oder Kuchenpinsel säubern. Nicht waschen, da sie sich schnell mit Wasser vollsaugen und an Geschmack verlieren! Die Stielenden abschneiden und die Pilze je nach Größe halbieren oder vierteln. Die Frühlingszwiebeln putzen, waschen und schräg in ca. 3 cm lange Stücke schneiden.

3. Die Tomaten enthäuten, indem man den Strunk entfernt und die Unterseite kreuzförmig einritzt. Die Tomaten mit reichlich kochendem Wasser übergießen. Wenn sich die eingeritzte Haut rollt, die Tomaten aus dem heißen Wasser nehmen und mit kaltem Wasser abschrecken. Die Haut abziehen, die Tomaten vierteln und Kerne sowie Trennwände entfernen.

4. Die Nudeln nach Packungsanweisung mit fünf Teelöffeln Salz in fünf Litern Wasser kochen. Wenn sie noch bissfest sind, abgießen und gut abschütteln.

5. Das Öl in einer beschichteten Pfanne erhitzen, den Lachs darin anbraten und herausnehmen. Die Champignons, Tomaten und Frühlingszwiebeln in dem verbliebenen Bratfett andünsten.

6. Die Brühe angießen und abgedeckt ca. fünf Minuten garen. Das Gemüse mit Crème légère verfeinern und mit dem Anis, Salz, Pfeffer sowie Kräutern abschmecken.

7. Den Lachs vorsichtig untermischen, kurz mit erhitzen und mit den Nudeln servieren.

Tagliatelle mit Fenchel-Käse-Soße

Zutaten für 4 Personen

250 g Tagliatelle
1 Fenchelknolle
ca. 100 g Frühlingszwiebeln
300 g TK-Garnelen
2 EL Speiseöl
⅛ l Brühe
100 g Schmelzkäse

4 EL Crème fraîche
2 TL Knoblauch-Würzpaste, z. B. von Fuchs
½ TL Dillspitzen, Salz
weißer Pfeffer, gemahlen
50 g Walnusskerne
gehackt, frischer Dill

Zubereitung

1. Die Garnelen auftauen lassen. Die Nudeln nach Packungsanweisung mit 2 ½ Teelöffeln Salz in 2 ½ Litern Wasser kochen. Wenn sie noch bissfest sind, abgießen und gut abschütteln.

2. Den Fenchel und die Frühlingszwiebeln putzen und waschen. Den Fenchelstrunk entfernen, den Fenchel in Streifen und die Frühlingszwiebeln in Ringe schneiden.

3. Die Garnelen unter fließend kaltem Wasser abwaschen, mit Küchenkrepp trocken tupfen und in dem erhitzten Öl kurz anbraten. Die Fenchelstreifen und Frühlingszwiebeln hinzufügen, die Brühe angießen und bei milder Hitze ca. zehn Minuten dünsten.

4. Den Schmelzkäse und die Crème fraîche unterrühren und mit Dillspitzen, Knoblauch-Würzpaste, Salz sowie Pfeffer abschmecken.

5. Die Nudeln mit der Soße anrichten, mit den Walnusskernen bestreuen und mit Dill dekoriert servieren.

Bami Goreng

Zutaten für 4 Personen

100 g Mie-Nudeln oder Tagliolini
200 g küchenfertige Garnelen
ca. 100 g Frühlingszwiebeln
2 Möhren, 150 g Sojasprossen
2 EL Speiseöl
4–6 EL Sojasoße
¼ TL Zucker
1–2 TL Ingwer, gemahlen
¼ TL schwarzer Pfeffer, gemahlen
½–1 TL Sambal Oelek,
z. B. von Fuchs
Salz
glatte Petersilie

Zubereitung

1. Die Nudeln nach Packungsanweisung zubereiten. Wenn sie noch bissfest sind, abgießen und gut abschütteln.

2. Die Garnelen unter fließend kaltem Wasser abwaschen und mit Küchenkrepp trocken tupfen.

3. Die Frühlingszwiebeln putzen, waschen und schräg in Stücke schneiden. Die Möhren waschen, schälen und schräg in Scheiben schneiden, die Sprossen waschen.

4. Das Öl erhitzen, die Garnelen darin anbraten und herausnehmen.

5. Das Gemüse in dem verbliebenen Bratfett unter gelegentlichem Wenden ca. fünf bis zehn Minuten garen.

6. Die Garnelen hinzufügen, kurz mit erhitzen und mit der Sojasoße sowie den Gewürzen pikant abschmecken. Zusammen mit den Nudeln anrichten und mit Petersilie dekoriert servieren.

Reisnudeln mit Seeteufel
und kalifornischen Mandeln

Zutaten für 4 Personen

2 Knoblauchzehen
50 g Ingwer
1 rote Chilischote
150 g Shiitake-Pilze
1 Bund Frühlingszwiebeln
250 g Reisnudeln
Salz
400 g Seeteufelfilet
2 EL kalifornische Mandelstifte
3 EL Sonnenblumenöl
2 EL Sesamöl
2 EL Sojasoße
2 EL trockener Sherry
frischer Koriander

Tipp

Bavette, Tagliolini oder
Tagliatelle passen
hierzu auch sehr gut.

Zubereitung

1. Den Knoblauch und Ingwer schälen und fein schneiden oder hacken. Die Chilischote waschen, der Länge nach halbieren, entkernen und in feine Ringe schneiden.

2. Die Pilze mit einem Pilz- oder Kuchenpinsel säubern. Nicht waschen, da sie sich schnell mit Wasser vollsaugen und an Geschmack verlieren! Die Stielenden abschneiden und die Pilze in Scheiben schneiden. Die Frühlingszwiebeln putzen, waschen und schräg in 2 cm lange Stücke schneiden.

3. Die Nudeln nach Packungsanweisung zubereiten. Wenn sie noch bissfest sind, abgießen und gut abschütteln.

4. Das Seeteufelfilet unter fließend kaltem Wasser abwaschen, mit Küchenkrepp trocken tupfen und in acht kleine Medaillons schneiden.

5. Die Mandelstifte in einer beschichteten Pfanne oder einem Wok ohne Fett kurz anrösten. Vorsicht, sie verbrennen schnell! Die Mandeln herausnehmen und einen Esslöffel Öl in der Pfanne erhitzen. Das Seeteufelfilet darin von jeder Seite eine Minute braten und ebenfalls herausnehmen.

6. Das restliche Öl in die Pfanne geben, Knoblauch, Ingwer, Chili, Pilze und Frühlingszwiebeln zwei Minuten darin braten und dabei ständig rühren.

7. Nudeln, Mandelstifte, Sesamöl, Sojasoße, Sherry und Seeteufelmedaillons hinzufügen und zwei Minuten durchkochen lassen.

8. Abschmecken und mit Koriander dekoriert servieren.

Tilapiafilet im Pancettamantel
auf Gemüsenudeln

Zutaten für 4 Personen

Für das Fischfilet:
4 Tilapiafilets à 180 g
Meersalz
schwarzer Pfeffer, frisch gemahlen
16 große Basilikumblätter
8 dünne Scheiben Pancetta
(luftgetrockneter, italienischer Speck,
ersatzweise Speck)
1 EL Olivenöl

Für die Gemüsenudeln:
2 große Möhren, 1 Zucchini
1 mittelgroße Stange Lauch
½ Bund Schnittlauch
250 g Linguine
Meersalz
1 EL Butter

Für die Soße:
125 ml süße Sahne
2 Schalotten
150 g kalte Butter, gewürfelt
3 Thymianstängel
150 ml Weißwein
100 ml Fischfond
3 EL weißer Balsamico Essig
1 EL Crème fraîche
Meersalz

Tipp

Die Gemüsenudeln
gelingen auch mit
Tagliatelle.

Zubereitung

1. Die Fischfilets unter fließend kaltem Wasser abwaschen, mit Küchenkrepp trocken tupfen, leicht salzen und pfeffern. Die Basilikumblätter waschen und trocken schütteln. Jedes Filet mit vier Basilikumblättern belegen und in jeweils zwei Scheiben Pancetta einschlagen.

2. Für die Gemüsenudeln die Möhren schälen und die Zucchini waschen. Beide der Länge nach vierteln oder sechsteln und mit einem Sparschäler in Streifen schneiden. Den Lauch halbieren, waschen und ebenfalls in Bandnudelbreite schneiden. Den Schnittlauch waschen, trocken schütteln und in feine Ringe schneiden.

3. Die Nudeln nach Packungsanweisung mit 2 ½ Teelöffeln Salz in 2 ½ Litern Wasser kochen. Wenn sie noch bissfest sind, abgießen und gut abschütteln.

4. Die Gemüsestreifen in einer Pfanne mit Butter anschwitzen, dann die Nudeln unterschwenken und mit Schnittlauch sowie Salz abschmecken.

5. Für die Soße die Sahne steif schlagen und kalt stellen. Die Schalotten schälen, sehr fein würfeln und in einem Stieltopf mit einem Esslöffel Butter anschwitzen. Thymian, Wein, Fond sowie Essig hinzufügen und alles bis auf etwa fünf Esslöffel Sud einkochen.

6. Den Thymian entfernen und die Crème fraîche hineinrühren. Nach und nach die restliche Butter hineinpürieren, dabei die Soße nicht mehr kochen lassen!

7. Kurz vor dem Servieren die vorbereiteten Tilapiafilets in einer Pfanne mit Olivenöl bei mittlerer Hitze von beiden Seiten knusprig braten.

8. Die Soße mit Salz und Essig abschmecken und zum Schluss die Sahne unterheben. Zusammen mit dem Tilapiafilet und den Gemüsenudeln servieren.

Nudel-Diät

Dauer der Diät: 7 Tage
Mahlzeiten pro Tag: 5
Durchschnittliche Kalorienzufuhr pro Tag:
1200 kcal (5024 kJ)

Nudeln sind alles andere als Dickmacher. Ganz im Gegenteil!
100 g (gekocht abgewogene) Hartweizennudeln enthalten
lediglich 145 kcal, dafür aber 6 g Eiweiß, 29 g kraftspen-
dende, komplexe Kohlenhydrate und nur 0,5 g Fett. Nudeln
enthalten aber auch wichtige Vitamine der B-Gruppe und
wertvolle Mineralstoffe wie zum Beispiel Kalium, Calcium
und Eisen. Bei Sportlern sind Nudeln wegen ihres hohen
Gehalts an wertvollen Kohlenhydraten beliebt. Diese unterstützen die Ausdauer und gelten als "Muskelbenzin des
Sportlers".

Auch zum Abnehmen sind Nudeln ideal: Sie lassen sich
schnell und problemlos zubereiten und passen zu magerem
Fisch, Fleisch und Geflügel genauso wie zu vegetarischen
Gerichten und köstlichen Salaten. Nudeln sättigen gut und
die Sättigung hält lange an. Denn die in ihnen enthaltenen
Kohlenhydrate werden nur langsam abgebaut. Eine Nudel-
Diät ist daher ideal für alle, die ein paar Pfund abnehmen
wollen, ohne auf Geschmack und Genuss zu verzichten.

5 Mahlzeiten zum Sattessen

Pro Tag gibt es fünf Mahlzeiten: Frühstück, Mittagessen,
Abendessen und zwei Zwischenmahlzeiten. Natürlich können
Sie einzelne Mahlzeiten gegeneinander austauschen.

Viel trinken – aber das Richtige

Wichtig ist, während der ganzen Diät viel zu trinken. Am
besten trinken Sie zu jeder Mahlzeit etwas, über den Tag
verteilt mindestens zwei Liter. Während einer Diät sollten
Sie unbedingt auf mit Zucker gesüßte Getränke verzichten.
Denken Sie daran: Ein Liter Limonade oder Cola enthält bis
zu 480 kcal. Das ist so viel wie Mittagessen und Zwischen-
mahlzeit zusammen! Lassen Sie auch Bier und Wein weg.
Während einer Diät sind kalorienfreie Getränke wie Tee und
Mineralwasser am besten.

Noch ein Tipp:

Mit Sport und Bewegung unterstützen Sie die Diät. Dann
braucht der Körper zusätzliche Energien und Sie nehmen
schneller und dauerhafter ab. Ideal sind leichte Ausdauer-
sportarten wie Radfahren, Schwimmen, Joggen und Wal-
king. Gut ist auch Gymnastik. Eine halbe Stunde Sport pro
Tag reicht aus. Am besten beginnen Sie bereits vor dem
Frühstück damit. Dann muss der Körper die notwendigen
Energien aus den Fettdepots holen.

Zur Kontrolle des Gewichtes sollten Sie sich täglich wiegen.
Anhand des BMI-Indexes (Body-Mass-Index) können Sie
sehen, wie viel Übergewicht Sie (noch) haben. Er lässt sich
ganz einfach mit dieser Formel ausrechnen:

$$BMI = \frac{\text{Körpergewicht in kg}}{(\text{Körpergröße in m})^2}$$

Laut der DGE (Deutsche Gesellschaft für Ernährung)
gilt für Frauen:

- BMI < 19 → Untergewicht
- BMI 19–24 → Normalgewicht
- BMI > 24 → Übergewicht

Für Männer gilt:

- BMI < 20 → Untergewicht
- BMI 20–25 → Normalgewicht
- BMI > 25 → Übergewicht

Diätbewertung

- Abnehmen ★★★★
- Sättigung ★★★★★
- Nährstoffversorgung ★★★★
- Verdauung ★★★
- Praktisch ★★★
- Für Berufstätige ★★
- Kosten ★★

1. TAG — Ges.: 1190 kcal (4981 kJ), 78,7 g Eiweiß, 36,4 g Fett, 129,4 g Kohlenhydrate (10,8 BE)

◊ Frühstück

Fruchtiger Fitmacher
1 Scheibe Schwarzbrot
50 g körniger Frischkäse
150 g Trauben

Schwarzbrot mit körnigem Frischkäse bestreichen. Trauben waschen und dazu essen.

322 kcal (1347 kJ), 17,6 g Eiweiß, 2,8 g Fett, 55,4 g Kohlenhydrate (4,6 BE)

◊ Zwischenmahlzeit

Tomatensuppe mit Zottarella
1 Päckchen Tomatensuppe (Fertigprodukt)
30 g Zottarella-Rolle leicht
Kräuter für die Dekoration

Den Zottarella in kleine Würfel schneiden. Tomatensuppe nach Packungsanweisung zubereiten, den Zottarella zugeben und kurz unterrühren. Mit Kräutern dekorieren.

110 kcal (460 kJ), 9,6 g Eiweiß, 3,9 g Fett, 9,3 g Kohlenhydrate (0,8 BE)

◊ Abendessen

Nudelsalat mit Krabben
125 g gekochte Schmetterlingsnudeln, 1 TL Olivenöl
½ fein gehackte Knoblauchzehe
50 g küchenfertige Krabben oder Scampi
1 Stange Bleichsellerie
30 g Schmand
2 EL fettarme Milch
1 EL gehackte Kräuter
2 TL Zitronensaft
Salz
Pfeffer

Knoblauch in Olivenöl andünsten. Krabben zugeben und von beiden Seiten zwei bis drei Minuten braten. Bleichsellerie waschen und mit Grün in dünne Scheiben schneiden. Die gekochten Nudeln, Krabben und Bleichsellerie vorsichtig mischen. Schmand mit Milch und Kräutern verrühren, mit Zitronensaft, Salz und Pfeffer abschmecken, über den Salat geben, unterheben und gut durchziehen lassen.

331 kcal (1385 kJ), 17,8 g Eiweiß, 14,1 g Fett, 32,6 g Kohlenhydr. (2,7 BE)

◊ Mittagessen

Schweinefilet mit Roquefort-Soße
30 g breite Bandnudeln, z. B. gewalzte Spinatnudeln von Birkel
1 kleine Möhre, 100 g Schweinefilet
1 TL Olivenöl, Salz, weißer Pfeffer
5 EL fettarme Milch, 30 g Roquefort
1 TL Stärke

Nudeln wie auf S. 9 beschrieben zubereiten. Die Möhre waschen, schälen und die letzten fünf Minuten im Nudelwasser mitkochen. Schweinefilet unter fließend kaltem Wasser abwaschen, trocken tupfen, in Scheiben schneiden und in heißem Olivenöl in einer beschichteten Pfanne kräftig von beiden Seiten anbraten, salzen und pfeffern. Die Milch erhitzen und den Roquefort darin auflösen, mit etwas Stärke binden und mit Salz und Pfeffer abschmecken. Nudeln mit Möhren abgießen und mit den Filetscheiben und der Käse-Soße anrichten.

392 kcal (1640 kJ), 33,6 g Eiweiß, 14,8 g Fett, 30,1 g Kohlenhydr. (2,5 BE)

◊ Zwischenmahlzeit

Sanddorn-Buttermilch
0,2 l Buttermilch
3 EL Sanddorn-Orangen-Nektar
1 TL Haferkleie

Buttermilch mit Sanddorn-Orangen-Nektar und Haferkleie verquirlen, kühl servieren.

116 kcal (485 kJ), 6,5 g Eiweiß, 1,2 g Fett, 14,9 g Kohlenhydrate (1,7 BE)

2. TAG — Ges.: 1199 kcal (5019 kJ), 75,9 g Eiweiß, 28,2 g Fett, 126,7 g Kohlenhydrate (10,6 BE)

◊ Frühstück

Frühlingsbrot
1 Scheibe Vollkornbrot
1 TL Halbfettbutter
1 hart gekochtes Ei
½ Bund Radieschen
Pfeffer
Schnittlauchröllchen

Radieschen putzen und waschen. Ei und einige Radieschen in Scheiben schneiden. Brot mit Butter bestreichen und mit Ei- und Radieschenscheiben belegen. Restliche Radieschen dazu servieren. Brot pfeffern und mit Schnittlauchröllchen bestreuen.

214 kcal (895 kJ), 11,1 g Eiweiß, 9,6 g Fett, 19,1 g Kohlenhydrate (1,6 BE)

◊ Zwischenmahlzeit

Birnen-Drink
1 Birne
0,15 l fettarmer Kefir
1 EL Weizenkeime
Zimt

Die Birne waschen, vom Kerngehäuse befreien, in Stücke schneiden und mit dem Kefir und den Weizenkeimen fein pürieren. Mit Zimt abschmecken.

166 kcal (695 kJ), 6,0 g Eiweiß, 2,7 g Fett, 25,7 g Kohlenhydrate (2,1 BE)

Mittagsessen

Tagliatelle alla Sorrentina

125 g kleine Strauchtomaten
½ Zwiebel, ½ Knoblauchzehe
50 g kleine Mozzarellakugeln,
z. B. Zottarella Minis Leicht
1 Zweig Basilikum
60 g Tagliatelle
1 TL Olivenöl
weißer Pfeffer
Salz
1 Prise Zucker
10 g Parmesan, gerieben

Die Strauchtomaten waschen und halbieren. Zwiebel und Knoblauch schälen und würfeln, den Mozzarella abtropfen lassen. Basilikum waschen und in dünne Streifen schneiden. Die Nudeln wie auf S. 9 beschrieben zubereiten. Zwiebeln und Knoblauch in heißem Öl andünsten, Tomaten zugeben, kurz miterhitzen, würzen und mit Basilikum abschmecken. Die Tomatensauce vom Herd nehmen, die Zottarella-Minis zugeben und kurz mit erhitzen. Die Nudeln mit der Tomaten-Zottarellasauce anrichten und mit Parmesan bestreuen.

394 kcal (1649 kJ), 22,1 g Eiweiß,
11,0 g Fett, 50,9 g Kohlenhydrate (4,2 BE)

Zwischenmahlzeit

Leichtes Knusperknäcke

2 Scheiben Knäckebrot
50 g körniger Frischkäse
10 g Konfitüre
0,2 l Dinkula

Knäckebrote mit Frischkäse und Konfitüre bestreichen. Dazu Dinkula trinken.

134 kcal (561 kJ), 9,6 g Eiweiß,
1,8 g Fett, 21,1 g Kohlenhydrate (1,8 BE)

Abendessen

Bunter Nudelsalat

30 g Hörnchennudeln, z. B. von
3 Glocken, 100 g rote Paprikaschote
100 g Hähnchenbrust in Aspik mit
Mixed Pickles
1 kleine Frühlingszwiebel
50 g Bambussprossen (Dose)
1 Gewürzgurke
2 EL fein gewiegte Kräuter, z. B.
Schnittlauch, Petersilie
1 EL Zitronensaft
3 EL fettarmer Naturjoghurt
weißer Pfeffer, Salz

Die Nudeln wie auf S. 9 beschrieben zubereiten. Hähnchenbrust in Aspik und das geputzte und gewaschene Gemüse in feine Streifen schneiden, dann beides unter die Nudeln mischen. Die Kräuter, Zitronensaft und den Joghurt miteinander verrühren, mit Pfeffer und Salz abschmecken und unter den Salat heben. Gut durchmischen und das Ganze 15 Minuten durchziehen lassen.

291 kcal (1218 kJ), 27,1 g Eiweiß,
4,1 g Fett, 34,3 g Kohlenhydrate (2,9 BE)

3. TAG Ges.: 1197 kcal (5011 kJ), 84,8 g Eiweiß, 27,5 g Fett, 147,5 g Kohlenhydrate (12,3 BE)

Frühstück

Frühlingsbrot

1 Scheibe Vollkornbrot
50 g Magerquark
2 TL Konfitüre
0,25 l Diät-Kakao-Trunk

Brot mit Quark und Konfitüre bestreichen. Dazu Kakao-Trunk trinken.

280 kcal (1172 kJ), 18,4 g Eiweiß,
1,1 g Fett, 49,0 g Kohlenhydrate (4,1 BE)

Zwischenmahlzeit

Gourmet-Knäcke

1 Scheibe Knäckebrot
1 TL Halbfettbutter
40 g leichte Mozzarella-Rolle,
z. B. Zottarella-Rolle leicht
1 Tomate, Pfeffer, Basilikum

Knäckebrot mit Butter bestreichen. Tomate waschen und Brot mit Mozzarella- und Tomatenscheiben belegen. Basilikum waschen und in Streifen schneiden. Brot mit Pfeffer und Basilikum bestreuen.

118 kcal (494 kJ), 9,8 g Eiweiß,
4,9 g Fett, 8,5 g Kohlenhydr. (0,7 BE)

Mittagsessen

Gemüse-Nudel-Topf

1 kleine Tomate
1 Frühlingszwiebel
1 Stange Staudensellerie
1 kleine Möhre
1 TL Olivenöl
0,4 l Hühnerbrühe
100 g mageres Putenfilet
40 g Röhrennudeln,
z. B. von Birkel
Salz, Pfeffer
etwas Paprikapulver
Zitronensaft

Tomate enthäuten, halbieren und die Kerne und Trennwände entfernen. Frühlingszwiebel und Sellerie putzen und waschen. Möhre waschen und schälen. Frühlingszwiebel, Sellerie und Möhre in Ringe bzw. Scheiben, Tomate in Würfel schneiden. Olivenöl erhitzen und Gemüse darin kurz dünsten. Putenfilet unter fließend kaltem Wasser abwaschen, trocken tupfen und in mundgerechte Stücke schneiden. Brühe angießen und aufkochen. Nudeln und Filet hinzufügen. Bei milder Hitze zehn Minuten garen. Mit Salz, Pfeffer, Paprikapulver und Zitronensaft abschmecken.

343 kcal (1435 kJ), 33,3 g Eiweiß,
6,5 g Fett, 37,0 g Kohlenhydrate (3,1 BE)

Zwischenmahlzeit

Fitness-Drink

0,15 l Buttermilch
2 EL Sanddorn-Orangen-Nektar
1 EL Kleie
Orangenschnitz

Buttermilch mit Sanddorn-Orangen-Nektar und Kleie gut verquirlen. Mit einem Orangenschnitz dekorieren.

85 kcal (356 kJ), 5,5 g Eiweiß,
0,9 g Fett, 11,7 g Kohlenhydrate (1,0 BE)

☊ Abendessen

Überbackene Fleischtomaten mit Nudel-Füllung

40 g Röhrennudeln,
z. B. von Birkel
2 Fleischtomaten
½ kleine Zwiebel
50 g Zucchini
1 TL Olivenöl
1 EL Gemüsemais (aus der Dose)
Petersilie, gehackt
Salz, Pfeffer
Paprikapulver
50 g Feta

Backofen auf 200° C, Gas Stufe 3–4, Umluft 180° C vorheizen. Nudeln wie auf S. 9 beschrieben zubereiten. Tomaten waschen, Deckel abschneiden, aushöhlen und umgedreht abtropfen lassen. Zwiebel schälen, Zucchini putzen und waschen, beides würfeln und im heißen Öl ca. fünf Minuten dünsten. Nudeln, Mais und Petersilie dazugeben und mit Salz, Pfeffer sowie Paprikapulver pikant abschmecken. Die Masse in die Tomaten füllen und diese in eine Auflaufform setzen. Feta würfeln und über die Tomaten streuen. Ca. 25 Minuten im Ofen garen.

371 kcal (1552 kJ), 17,8 g Eiweiß,
14,1 g Fett, 41,3 g Kohlenhydrate (3,4 BE)

4. TAG	Ges.: 1191 kcal (4989 kJ), 60 g Eiweiß, 43,9 g Fett, 136,7 g Kohlenhydrate (11,4 BE)

☊ Frühstück

Fitmacher-Frühstück

1 Vollkornbrötchen
1 TL Halbfettbutter
20 g Diät-Konfitüre
1 Kiwi

Brötchen halbieren und mit Butter und Konfitüre bestreichen. Dazu die Kiwi essen.

247 kcal (1033 kJ), 5,8 g Eiweiß,
3,9 g Fett, 44,5 g Kohlenhydrate (3,7 BE)

☊ Zwischenmahlzeit

Tomaten-Mozzarella-Salat

2 Tomaten
50 g leichter Mozzarella,
z. B. Zottarella leicht
1 TL Olivenöl
1 TL Balsamico Essig
Salz
Pfeffer
Basilikum

Die Tomaten waschen und mit dem Mozzarella in dünne Scheiben schneiden. Beides auf einem Teller anrichten. Aus den restlichen Zutaten ein Dressing zubereiten und über die Tomaten träufeln. Mit Basilikum dekorieren.

135 kcal (565 kJ), 12,1 g Eiweiß, 7,9 g
Fett, 3,4 g Kohlenhydrate (0,3 BE)

☊ Mittagessen

Korkenzieher-Nudeln mit gelber Paprika

50 g Korkenzieher-Nudeln, z. B. von
3 Glocken
1 gelbe Paprikaschote
½ Knoblauchzehe
2 Sardellenfilets
1 TL Olivenöl
3 grüne, mit Paprika gefüllte Oliven
Pfeffer, frisch gemahlen

Nudeln wie auf S. 9 beschrieben zubereiten. Inzwischen Paprika halbieren, entkernen, waschen und in Streifen schneiden. Im erhitzten Olivenöl fünf Minuten anschwitzen. Knoblauch schälen und fein hacken. Sardellenfilets abspülen, trocken tupfen und grob hacken. Knoblauch und Sardellenstückchen zu den Paprikastreifen geben und weitere fünf Minuten leicht erhitzen. Die Nudeln und die in Scheiben geschnittenen Oliven unterheben und kurz mit erhitzen. Auf einem Teller anrichten und mit Pfeffer bestreuen.

346 kcal (1448 kJ), 13,0 g Eiweiß,
15,0 g Fett, 41,5 g Kohlenhydrate
(3,5 BE)

☊ Zwischenmahlzeit

Waldfrucht-Joghurt

100 g fettarmer Naturjoghurt
100 g TK-Beerenfrüchte
1 EL Kleie

Die Beerenfrüchte kurz antauen lassen, mit einer Gabel zerdrücken und mit der Kleie unter den Joghurt mischen.

92 kcal (395 kJ), 5,3 g Eiweiß, 2,2 g Fett,
10,5 g Kohlenhydrate (0,9 BE)

☊ Abendessen

Nudelsalat mit Räucherforelle

150 g gekochte Korkenzieher-
Nudeln
je 1 Stück gelbe und rote Paprikaschote
50 g geräuchertes Lachsforellenfilet
30 g Mozzarella, z. B. Zottarella
2 TL Olivenöl
1 EL Zitronensaft
weißer Pfeffer
Dill, Selleriekraut

Paprikaschoten halbieren, entkernen, waschen und in feine Streifen schneiden. Forellenfilet in mundgerechte Stücke zerteilen, Mozzarella in Scheiben schneiden. Alles unter die Nudeln mischen. Aus Olivenöl und Zitronensaft ein Dressing zubereiten, mit Pfeffer abschmecken und unter den Salat heben. Mit Dill und Selleriekraut dekorieren.

371 kcal (1552 kJ), 23,8 g Eiweiß,
14,9 g Fett, 36,8 g Kohlenhydrate
(3,1 BE))

◌ Frühstück

Vitaminmüsli

1 Mandarine, 1 Kiwi, ½ Banane
5 EL Cornflakes
1 EL Leinsamen
1 EL Kleie
100 g fettarmer Kefir
1 TL Kokosraspeln

Früchte waschen und schälen. Mandarine in Spalten zerlegen, Kiwi und Banane in Scheiben schneiden. Mit Cornflakes, Leinsamen und Kleie mischen. Den Kefir unterheben und kurz durchziehen lassen. Mit Kokosraspeln bestreuen.

285 kcal (1205 kJ), 9,8 g Eiweiß, 7,4 g Fett, 42,6 g Kohlenhydrate (3,6 BE)

◌ Zwischenmahlzeit

Kefirdrink mit Haferflocken

0,125 l fettarmer Kefir
½ Banane
1 EL Haferflocken
Zimt

Kefir, Banane und Haferflocken im Mixer gut verquirlen. Eventuell mit etwas Zimt abschmecken und gut gekühlt servieren.

154 kcal (644 kJ), 6,4 g Eiweiß, 2,7 g Fett, 25,4 g Kohlenhydrate (2,1 BE)

◌ Mittagessen

Nudeln mit Putenbrust

50 g gedrehte Nudeln, z. B. Shipli von Birkel, 100 g Putenbrust
1 TL Olivenöl, ½ kleine Zwiebel
10 g Schinken

50 g Champignons, 3 EL Kaffeesahne
4 EL Hühnerbrühe, Salz, Pfeffer
fein gehackte Kräuter, Tomatenscheiben, Dill und Schnittlauch

Nudeln wie auf S. 9 beschrieben zubereiten. Putenbrust unter fließend kaltem Wasser abwaschen, trocken tupfen, würfeln und im erhitzten Olivenöl in einer beschichteten Pfanne anbraten. Zwiebel schälen und fein hacken. Schinken würfeln, Pilze putzen und in Scheiben schneiden. Alles mit in die Pfanne geben und mitdünsten. Kaffeesahne und Hühnerbrühe hinzufügen und mit Salz sowie Pfeffer abschmecken. Nudeln mit Kräutern bestreuen und mit der Putenbrust servieren. Nach Wunsch mit Tomatenscheiben, Dill und Schnittlauch dekorieren.

409 kcal (1711 kJ), 35,9 g Eiweiß, 12,3 g Fett, 38,3 g Kohlenhydrate (3,2 BE)

◌ Zwischenmahlzeit

Süße Reisscheibe

1 Reisscheibe
1 TL Halbfettbutter, 2 TL Konfitüre

Reisscheibe mit Butter und Konfitüre bestreichen.

66 kcal (276 kJ), 0,7 g Eiweiß, 1,4 g Fett, 12,3 g Kohlenhydrate (1,0 BE)

◌ Abendessen

Spaghetti-Nester

50 g Spaghetti, z. B. von 3 Glocken
Meersalz, 1 TL Olivenöl
100 ml Nudelsoße à la Napoli
10 g Parmesan, gerieben
Thymian, Majoran

Backofen auf 220° C, Gas Stufe 4–5, Umluft 200° C vorheizen. Spaghetti wie auf S. 9 beschrieben zubereiten. Mit zwei Gabeln zu kleinen Nestern formen. Öl in eine flache Gratinform geben und die Nester hineinsetzen. Napoli-Soße in die Nester füllen und mit Parmesan bestreuen. Zehn Minuten im Ofen gratinieren. Mit Thymian und Majoran bestreut servieren.

289 kcal (1209 kJ), 13,3 g Eiweiß, 7,5 g Fett, 42,0 g Kohlenhydrate (3,5 BE)

◌ Frühstück

Tramezzini mit Tomaten

1 Scheibe Sandwichbrot
2 TL Basilikumpesto
50 g leichte Mozzarella-Rolle, z. B. Zottarella-Rolle leicht
1 Tomate, etwas Rucola
schwarzer Pfeffer, grob geschrotet

Brot entrinden und mit Pesto bestreichen. Mozzarella und Tomate in Scheiben schneiden. Brot diagonal durchschneiden, eine Hälfte mit Tomaten und Mozzarella belegen, mit Rucola bestreuen und mit Pfeffer würzen. Die zweite Brothälfte darauflegen, etwas andrücken.

237 kcal (992 kJ), 13,6 g Eiweiß, 11,8 g Fett, 17,8 g Kohlenhydr. (1,5 BE)

◌ Zwischenmahlzeit

Obstsalat „Vitamina"

½ Orange, 1 Kiwi, 50 g Erdbeeren
100 g fettarmer Naturjoghurt
Zitronensaft, flüssiger Süßstoff
2 Walnusshälften, 2 Tassen Tee

Orange filetieren und die Filets quer halbieren. Kiwi schälen und in Scheiben schneiden, Erdbeeren waschen, putzen und halbieren. Die Früchte mischen. Joghurt mit Zitronensaft und Süßstoff abschmecken und unter die Früchte heben. Mit Walnusshälften bestreuen und mit dem Tee servieren.

181 kcal (757 kJ), 6,5 g Eiweiß, 5,7 g Fett, 23,7 g Kohlenhydr. (2,0 BE)

◌ Mittagessen

Nudeln mit Lachsforellen-Streifen

40 g breite Nudeln, z. B. Extrabreite von 3 Glocken, Salz, 80 g Lachsforelle
Mehl, 2 TL Olivenöl, ½ rote Chili
½ Knoblauchzehe, gehackt
1 kleiner Salbeistängel, Zitronensaft

Lachsforelle unter fließend kaltem Wasser abwaschen, trocken tupfen, in ca. 2 cm breite Streifen schneiden. Salzen, mit Zitronensaft beträufeln und in Mehl wenden. Die Nudeln wie auf S. 9 beschrieben zubereiten. In einer beschichteten Pfanne Öl erhitzen, Lachsforelle braten und warm stellen. Chili waschen, entkernen und in Ringe schneiden. Chili, Knoblauch und Salbei in der Pfanne anschwitzen. Nudeln und Lachsforelle kurz in der Pfanne mit erhitzen.

363 kcal (1519 kJ), 21,6 g Eiweiß, 18,1 g Fett, 29,5 g Kohlenhydrate (2,5 BE)

↻ Zwischenmahlzeit

Pikante Radieschenbrote

2 Scheiben Vollkorn-Knäckebrot
50 g Magerquark
2 kleine Frühlingszwiebeln
1 Bund Radieschen
1 EL Schnittlauchröllchen
2 Tassen Kräutertee

Radieschen putzen und waschen. Einen Teil in Scheiben schneiden. Knäckebrot mit Quark bestreichen, mit Frühlingszwiebelringen und Radieschen belegen. Mit Schnittlauch bestreuen. Restliche Radieschen dazu essen. Dazu Tee trinken.

126 kcal (527 kJ), 11,5 g Eiweiß, 0,8 g Fett, 18,0 g Kohlenhydrate (1,5 BE)

↻ Abendessen

Nudel-Pfannkuchen

40 g Hörnchennudeln, z. B. Posthörnle von 3 Glocken, Meersalz
1 Ei, Salz, Pfeffer, 5 g Butter,
50 g Kirschtomaten, ¼ Beet Kresse

Nudeln wie auf S. 9 beschrieben zubereiten. Ei mit einem Esslöffel Wasser, Salz und Pfeffer verquirlen.

Pfanne mit Butter ausstreichen, erhitzen und die Eimasse hineingießen. Nudeln daraufschütten und bei milder Hitze zugedeckt stocken lassen. Tomaten waschen und vierteln und die Kresse vom Beet schneiden. Den Nudel-Pfannkuchen vor dem Servieren mit Tomatenvierteln und Kresse bestreuen.

300 kcal (1255 kJ), 13,1 g Eiweiß, 15,1 g Fett, 27,6 g Kohlenhydrate (2,3 BE)

| 7. TAG | Ges.: 1176 kcal (4921 kJ), 79,7 g Eiweiß, 29,8 g Fett, 151,8 g Kohlenhydrate (12,7 BE) |

↻ Frühstück

Vollkornbrot mit Kressequark

1 Scheibe Vollkornbrot
50 g Magerquark
2 EL Buttermilch
½ Beet Kresse
Pfeffer
1 Msp. Meerrettich
1 hart gekochtes Ei
0,15 l Möhrensaft

Quark mit Buttermilch und der fein gewiegten Kresse verrühren, mit Pfeffer und Meerrettich pikant abschmecken und auf dem Brot verteilen. Mit dem Ei servieren. Dazu den Möhrensaft trinken.

277 kcal (1.159 kJ), 19,0 g Eiweiß, 7,0 g Fett, 34,1 g Kohlenhydrate (2,8 BE)

↻ Zwischenmahlzeit

Grapefruit-Drink

Saft von ½ Grapefruit
0,15 l Buttermilch
1 EL Kleie
flüssiger Süßstoff

Grapefruitsaft mit Buttermilch und Kleie verquirlen, eventuell mit Süßstoff abschmecken.

99 kcal (414 kJ), 6,7 g Eiweiß, 1,1 g Fett, 14,1 g Kohlenhydrate (1,2 BE)

↻ Mittagessen

Bandnudeln mit Putenschnitzel und Steinpilz-Soße

50 g Bandnudeln, z. B. von 3 Glocken
150 g Steinpilze, 100 g Putenschnitzel
1 TL Butter, weißer Pfeffer, Salz
30 g Zott Allgäutaler leicht (30 % Fett i. Tr.)
2 EL Milch (1,5 %)

Nudeln wie auf S. 9 beschrieben zubereiten. Steinpilze putzen und in mundgerechte Stücke schneiden. Schnitzel unter fließend kaltem Wasser abwaschen und trocken tupfen. In heißer Butter von beiden Seiten kräftig anbraten, würzen und warm stellen. In dem verbliebenen Fett die Steinpilze einige Minuten braten, leicht pfeffern und salzen. Käse reiben und in der heißen Milch unter ständigem Rühren schmelzen lassen. Einen Teil der gebratenen Steinpilze unter die Soße rühren und mit Nudeln, Pilzen und Schnitzel servieren.

435 kcal (1818 kJ), 41,5 g Eiweiß, 13,2 g Fett, 39,0 g Kohlenhydrate (3,3 BE)

↻ Zwischenmahlzeit

Aprikosen-Drink

2 Aprikosen, 50 g Honigmelone
75 ml Jogolè Genießermolke
Papaya-Limette

Aprikosen waschen und entsteinen, mit dem Melonen-Fruchtfleisch fein pürieren und mit der Molke mischen.

106 kcal (444 kJ), 1,6 g Eiweiß, 0,3 g Fett, 25,8 g Kohlenhydrate (2,2 BE)

↻ Abendessen

Tomatensuppe mit Spätzle

30 g Spätzle, z. B. von 3 Glocken
Meersalz
1 Zwiebel
1 TL Olivenöl
100 g Lauch
½ grüne Paprikaschote
1 TL Mehl
⅜ l Tomatensaft
½ TL Brühe, instant

Spätzle wie auf S. 9 beschrieben zubereiten. Zwiebel schälen, würfeln und in dem erhitzten Öl in einer beschichteten Pfanne glasig dünsten. Lauch und Paprika waschen und putzen, Lauch in dünne Streifen, Paprika in kleine Würfel schneiden. Kurz mit den Zwiebeln dünsten. 1–2 EL Wasser zugeben, Mehl darüberstäuben, gut umrühren. Mit Tomatensaft auffüllen und fünf Minuten kochen lassen. Mit gelöster Brühe würzen. Spätzle in der Suppe erhitzen und servieren.

283 kcal (1184 kJ), 10,9 g Eiweiß, 8,2 g Fett, 38,8 g Kohlenhydrate (3,2 BE)

Register

A

Aglio e Olio-Soße 15
Arrabbiata-Soße 16
Austernpilz-Rahmragout auf Mafaldine 22–23

B

Bami Goreng. 73
Bavette 12, 25. 74
Bolognese-Soße 14
Bratnudeln mit grünem Spargel, asiatische . . 18–19
Bratnudeln mit Rindfleisch 48–49
Bucatini. 12, 39

C

Calabrese-Soße 15
Cannelloni. 12, 17
Cannelloni mit Hackfleisch-Frischkäse-Füllung. . . 17
Capellini 12
Carbonara-Soße 15
Casarecce 11, 66
Castellane 11
Cellentani 11, 31, 36, 54, 69
Conchiglie Rigate 11

F

Farfalle 11, 25, 30, 31, 54
Fettuccine 13, 35, 36
Fusilli 11, 32, 41, 54, 59, 65, 69
Fusilli mit Hering „Poseidon" 64–65

G

Gemelli 11, 65, 69, 70
Gemüse-Farfalle-Salat mit scharfem Dressing . 30–31
Glasnudeln 13, 50
Glasnudeln mit Schweinefleisch „Hongkong" . . . 50
Gnocchi 11
Gourmet-Garnelen-Pfanne mit Rigaton 60

K

Käse-Pasta mit buntem Gemüse 46–47

L

Lachs-Gemüse-Ragout mit Saucelli 70–71
Lasagne 13, 17
Lasagne alla Bolognese 17
Lasagne con Spinaci 13
Linguine 12, 18, 20, 21, 27, 45, 48, 53, 77
Linguine mit Kalbfleisch-Soße 45
Linguine mit Lammragout und Mandeln 52–53
Linguine mit Rotschmierkäse-Bärlauch-Soße . . 20–21

M

Maccheroncini 12, 57
Mafaldine 13, 22, 23, 27, 66
Makkaroni 12, 36, 37, 43
Makkaroni-Törtchen 43
Makkaroni mit Putenragout 36–37
Mezze Penne Rigate 12, 22
Mezze Penne Tricolore 12
Mie-Nudeln/Bami-Nudeln 13, 19, 73

N

Napoli-Soße 14
Nudel-Seelachspfanne, nordische 68–69
Nudelflan, gestürzter 34–35
Nudelnest auf Hähnchenragout 38–39
Nudelpfanne „Neptun", scharfe 61
Nudelplätzchen, gebratene 32
Nudelpuffer mit Gorgonzola-Tomaten-Soße . . . 33
Nudelsalat, lauwarmer 51

O

Ofen-Garnelen mit gerösteten Mafaldine . . . 66–67
Orecchiette 11

P

Penne mit Bärlauch 28
Penne Lisce 12
Penne Rigate . . 12, 28, 31, 40, 41, 51, 56, 59, 61
Pennette Lisce 12, 66
Pennesalat mit gebratenem Gemüse 40–41
Pesto alla Genovese 16
Pesto Rosso 16
Pipette Rigate 11, 31
Pipe Rigate 11, 70

Q

Quattro Formaggi-Soße 15

R

Reisnudeln 13, 74
Reisnudeln mit Seeteufel und kalifornischen
    Mandeln 74–75
Rigatoni 12, 29, 60,
Rigatoni mit Tomaten und glasierten Auberginen . . 29

S

Salat „Maritim" mit bunten Fusilli 59
Saucelli 11, 65, 70
Sedani Rigati 12
Spaghetti 12, 25, 33, 39, 58, 62, 82
Spaghetti Lunghi 12, 53
Spaghetti mit Kräuterpesto, Feta und Oliven . . 24–25
Spaghetti mit Miesmuschel-Tomatensoße . . . 62–63
Spaghettini 12, 25
Spaghettoni 12
Spätzle 11, 83

T

Tagliatelle . 13, 27, 39, 44, 53, 65, 69, 72, 74, 77, 80
Tagliatelle mit Fenchel-Käse-Soße 72
Tagliatelle verde 13, 35, 47, 54
Tagliatellesalat mit Putenstreifen 54–55
Tagliolini 13, 18, 22, 26, 27, 48, 73, 74
Tagliolini in Steinpilzrahm mit mediterranem
    Gemüse 26–27
Thunfisch-Pasta mit Schafskäsewürfeln 57
Thunfisch-Penne „Sizilia" 56
Thunfisch-Spaghetti „Diavolo" 58
Tilapiafilet im Pancettamantel auf
    Gemüsenudeln 76–77
Tortellini ai Formaggi 11
Tortellini con Ricotta e Spinaci 11
Tortellini in Kressecreme 42
Tortelloni Quattro Formaggi 11
Tortiglioni 12
Trüffel-Safran-Tagliatelle mit Lammfilets 44

U

Udon-Nudeln 13, 49

© 2009 SAMMÜLLER KREATIV GmbH

Genehmigte Lizenzausgabe
EDITION XXL GmbH
Fränkisch-Crumbach 2009
www.edition-xxl.de

Idee und Projektleitung: Sonja Sammüller
Layout, Satz und Umschlaggestaltung:
SAMMÜLLER KREATIV GmbH

ISBN (13) 978-3-89736-087-7
ISBN (10)   3-89736-087-X

Bild- und Textnachweis

Wir danken folgenden Firmen für ihre freundliche Unterstützung:

Almond Board of California 52–53, 74–75
Bergader Privatkäserei 28
Fisch-Informationszentrum (FIZ) e. V., Hamburg 62–63, 64–65, 66–67,
68–69, 70–71, 76–77
Landesvereinigung der Bayerischen Milchwirtschaft 20–21
Maggi Kochstudio 33, 43
Meggle 44, 45
Molkerei Weihenstephan 22–23, 26–27
Peter Kölln KGaA, Elmshorn 30–31, 40–41, 48–49, 54–55
The Food Professionals Köhnen AG, Sprockhövel
– Fuchs 50, 72, 73
– Grafschafter 29
– Kühne 59
– Leerdammer 46–47, 60
– Saupiquet 56, 57, 58, 61
Unilever Deutschland GmbH, Hamburg
– Mondamin 18–19, 32, 34–35, 36–37, 38–39, 42, 51
Wirths PR GmbH, Fischach 78–83
– www.1000rezepte.de 24–25

Alle weiteren Fotos: SAMMÜLLER KREATIV GmbH